ༀ བར་དོའི་ཐོས་གྲོལ།

Das sogenannte ‚Tibetische Totenbuch'

*Aus den tiefgründigen Belehrungen,
die die Selbstbefreiung durch Meditation
auf die friedlichen und zornvollen Gottheiten
des Bardo bewirken:*

Der Text, der durch Hören im Bardo
[*d.i. der Zwischenzustand zwischen dem gerade
vorübergegangenen Leben und der darauffolgenden Existenz*]
die große Befreiung durch klare Vergegenwärtigung hervorruft

བར་དོའི་ཐོས་གྲོལ།

Das sogenannte ‚Tibetische Totenbuch'

in der Übersetzung aus dem Tibetischen von
Albrecht Frasch

Der Wort-für-Wort-Übersetzung aus dem Tibetischen lag ein Blockdruck zugrunde, der im Jahre 1995 von Könchog Lhadrepa in der tibetischen Kolonie ‚Majnu-Ka-Tilla' bei New Delhi/India gedruckt und verlegt worden ist. Der Übersetzer bedauert etwaige Fehler und hofft, daß der Nutzen seiner Arbeit möglichen Schaden übertreffen möge.

CIP-Titelaufnahme der Deutschen Bibliothek

Bar-do thos-grol-chen-mo: die Befreiung durch Hören im Zwischenzustand: das sogenannte „Tibetische Totenbuch" in der Übers. aus dem Tibet. von Albrecht Frasch.
Berlin: Tashi-Verlag für Buddhistische Literatur, 1999.

ISBN 3-98-06802-1-5

Titel der tibetischen Originalausgabe:

Gter-chen <Karma-Gling-pa>: Bar-do-thos-grol-chen-mo
Blockdruck, verlegt und gedruckt im Jahre 1995 von Könchog Lhadrepa in der tibetischen Kolonie ‚Majnu-Ka-Tilla' bei New Delhi/India

© by Tashi-Verlag für buddhistische Literatur, Berlin 1999

Alle Recht vorbehalten.
Nachdruck und Vervielfältigung des Buches oder von Teilen daraus – auch mittels elektronischen Medien – nur mit ausdrücklicher Genehmigung des Verlages.

Ins Deutsche übersetzt und bearbeitet von Albrecht Frasch

Satz und Gestaltung: Bruno Seibert Medienservice
Umschlagfoto: © Matthias Schütz
Herstellung: Books on Demand GmbH
Printed in Germany

Für meinen Sohn
Leon Tashi Dorje

Inhaltsverzeichnis

Prolog	9
Vorwort	11
Einleitende Bemerkungen	19
Der Bardo des Sterbens	27
Die vorbereitenden Übungen, die die Wesen zur Befreiung führen	28
Die angemessene Erläuterung jener ›Befreiung durch Hören‹	31
Das Klare Licht des zweiten Bardo [*das Erwachen aus der Bewußtlosigkeit*]	48
Der Bardo des Todes	54
Das Heraufdämmern der friedlichen Gottheiten des Bardo	57
Der erste Tag	58
Der zweite Tag	60
Der dritte Tag	62
Der vierte Tag	65
Der fünfte Tag	67
Der sechste Tag	70
Der siebente Tag	77
Das Heraufdämmern der zornvollen Gottheiten	81
Der achte Tag	86
Der neunte Tag	87
Der zehnte Tag	88
Der elfte Tag	89
Der zwölfte Tag	90

Der dreizehnte Tag	92
Der vierzehnte Tag	94
Schlußbemerkungen zum Bardo des Todes	101

Die Anweisungen zur Wiedergeburt — 105

Einleitenden Bemerkungen — 106

Die Anweisungen zum Bardo der Suche nach einer Wiedergeburt — 111

Die erste Methode, den Zutritt zu einer Gebärmutter zu verschließen	130
Die zweite Methode, den Zutritt zu einer Gebärmutter zu verschließen	132
Die dritte Methode, den Zutritt zu einer Gebärmutter zu verschließen	133
Die vierte Methode, den Zutritt zu einer Gebärmutter zu verschließen	136
Die fünfte Methode, den Zutritt zu einer Gebärmutter zu verschließen	138

Schlußbemerkungen — 159

Vorbereitungen auf Sterben und Tod

Allgemeine Überlegungen	163
Aktive Sterbehilfe für andere Personen	167
Die Praxis der Bewußtseinsübertragung	172
Wie fortgeschrittene Praktizierende sterben	174
Was hohe Lehrer für Sterbende tun können	176

Epilog — 177

Literatur zu Sterben, Tod und Wiedergeburt — 179

Prolog

„Unsere [*das bezieht sich auf die Teilnehmer des Herbstseminars des Jahres 1987 im Rangjung Yeshe Institute in Boudanath/Nepal*] gegenwärtige Situation ist in der Tat sehr glückverheißend: Wir sind menschliche Wesen; wir können die *authentischen* Lehren *des Buddha* erhalten, verstehen und praktizieren; wir haben ebenfalls das Glück, einen qualifizierten *buddhistischen* Lehrer, der über die Qualität verfügt, die Einheit von Leerheit und Mitgefühl realisiert zu haben, getroffen zu haben – einiges vorteilhaftes Karma ist hier reif geworden! Andererseits haben wir nicht das glücklichste Schicksal, denn in der Vergangenheit gab es viele Buddhas und erleuchtete Wesen, und aus irgendwelchen Gründen konnten wir keine gute Verbindung mit ihnen herstellen und konnten die geistige Vervollkommnung nicht erlangen; wir haben die Befreiung immer noch nicht realisiert! Es scheint, als ob wir *irgendwie* zurückgelassen worden seien. Obwohl wir also nicht das ausgezeichnete Karma besitzen, mit einem vollkommen erleuchteten Buddha zusammenzutreffen, haben wir jedoch das *heute seltene* Glück, einen *hochverwirklichten* spirituellen Lehrer [*d.i. Chökyi Nyima Rinpoche, der im Jahr 1987 das Herbstseminar des Rangjung Yeshe Institutes abgehalten hat*] der Gegenwart getroffen zu haben. ... Da gegenwärtig kein voll erleuchteter Buddha lebt, ist der spirituelle Lehrer, dem wir heute begegnen, für uns noch wichtiger als ein Buddha der Vergangenheit, stellt er doch für uns die lebendige Verbindung zu den Lehren der Buddhas vergangener Zeiten her [1]."

---

[1] aus Chökyi Nyima Rinpoches ›The Bardo Guidebook‹, RANGJUNG YESHE PUBLICATIONS 1991, S. 24f; vom Übersetzer aus dem Englischen übertragen.

Chenrezig

Vorwort

Gemäß der Tradition des Tibetischen Buddhismus ist die individuelle – d.h. die persönliche, mit einem ‚Ich' identifizierte – psychische Existenz unwiderruflich beendet, wenn der Körper stirbt! Die Vorstellung einer ‚individuellen Wiedergeburt', wie sie von manchen obskuren esoterischen Schulen vertreten wird [*das, was wiedergeboren werde, sei die individuelle Existenz des vorangegangenen Lebens*], mag zwar tröstlich sein – nichtsdestotrotz ist sie vollkommen irreführend, abwegig und falsch! Es ist vielmehr die unpersönliche Instanz in jedem Wesen, die auch zu Lebzeiten sämtliche Ereignisse, Gedanken und Gefühle erfährt – man könnte sie ‚Geist' oder die Fähigkeit, bewußt zu sein, nennen – die nach den Erkenntnissen des Tibetischen Buddhismus auch im Sterben, im Tod und im Verlauf zukünftiger Existenzen nicht aufhört zu existieren. Während die individuelle Psyche, die Seele oder die Persönlichkeit [*also eben das, womit Menschen sich als ihr ‚Ich' identifizieren*] im Verlauf verschiedener nacheinander erfolgender Auflösungsprozesse im Sterben und im Tod dermaßen viele und weitreichende Transformationen erfährt, daß sie im nächsten Leben mit der Psyche der vorangegangenen Existenz in keinster Weise mehr identisch ist, bleibt die unpersönliche Instanz des eigenen Geistes bzw. seine ‚Funktion', die ‚karmisch' [*d.h. in kausaler Abhängigkeit von den Taten unmittelbarer Vorleben*] zwingend an zentrale Ereignisse sowie an die jene begleitenden Gedanken und Empfindungen gebunden ist, bestehen: Was wiedergeboren wird, ist dementsprechend lediglich die Disposition, im bevorstehenden Leben bestimmten Erfahrungen ausgesetzt zu werden und diese dann in einer bestimmten Weise zu deuten und zu erleben, nicht aber der individuelle Erlebniskern, der in der kommenden Existenz diese Erfahrungen machen wird!

Wer unvorbereitet stirbt, kann die weitere Entwicklung nicht beeinflussen, die sein ‚Bewußtseinsprinzip' [*in der buddhistischen Erkenntnistheorie ‚Kontinuum' genannt, um damit kenntlich zu machen, daß der Geist aus einer ununterbrochenen Abfolge einzelner Bewußtseinsmomente besteht, die nach dem Ursache-Wirkungs-Prinzip miteinander verbunden sind, so daß der jeweils vorhergehende Bewußtseinsmoment die Ursache für den jeweils darauffolgenden Bewußtseinsmoment bildet; ohne Geist bzw. Bewußtsein würde der Körper im Koma liegen]* nehmen wird. Wessen unpersönliches Bewußtseinsprinzip dementsprechend blind durch das Roulette der Wiederverkörperungen stürzt [*auch wenn das eigene ‚Ich' nicht mehr mit dem Individuum identifiziert ist, das die ursächlichen Handlungen für die Ereignisse begangen hat, die es in Folge-Existenzen erfahren muß*], der kann weder steuern, wiederum in einer menschliche Existenz – allerdings mit Anlagen zu einer ‚neuen' Persönlichkeit ausgestattet – noch in einer glücklichen Existenz wiederverkörpert zu werden.

Die Lehren des Tibetischen Buddhismus ermöglichen es, nahestehende Personen auf ihr Sterben und die Zeit danach vorzubereiten. Da natürlich auch die eigene Existenz zeitlich begrenzt ist, gebietet es die Klugheit, sich auf das Sterben vorzubereiten, solange man noch jung und in guter körperlicher wie geistiger Verfassung ist. Die Vorbereitung auf das eigene Sterben ist selbstredend umso effektiver, je früher man damit beginnt! Doch auch denjenigen, die wissen, daß sie nicht mehr lange zu leben haben, verhilft das Studium des vorliegenden Textes dazu, den Rest ihres Lebens so sinnvoll wie möglich zu nutzen und ihr Sterben in einer außerordentlich positiven Weise zu beeinflussen. Darüberhinaus gestatten es die in diesem Buch wiedergegebenen Lehren, vertrauten Menschen beim Vorgang des Sterbens überaus effektiv zu assistieren, auch wenn jene sich nicht auf diesen Vorgang vorbereiten konnten.

Dieser Text, dessen Titel – wörtlich übersetzt – nicht ›Tibetisches Totenbuch‹, sondern ›Befreiung durch Hören im Zwischenzustand‹ lautet, entstammt einem Zyklus von sechs solchen Texten [*beispielsweise Befreiung durch Sehen, Erinnern usw.*], der auf den zweiten Buddha Padmasambhava (skrt; tib: Guru Rinpoche) zurückgeht. Der große Heilige Padmasambhava verbarg jene Texte als sog. ‚Schatztexte' (tib: gter.ma) beim Berg Gampodar in Zentraltibet, wo sie Jahrhunderte später [*der Buddhismus war zwischenzeitlich in Tibet lange Zeit unterdrückt und regelrecht ausgerottet worden; doch auch nach seiner Wiedereinführung vergingen noch mehrere Jahrhunderte bis zur erneuten Verbreitung dieser Lehre über die Befreiung durch Hören im zwischen dem Tod der vorherigen Existenz und der Geburt in der darauffolgenden Existenz erfolgenden Zwischenzustand*] von Karma Lingpa wiedergefunden wurden, der sie an den dreizehnten Gyalwa Karmapa Düdül Dorje weitergab, woraufhin sie sich innerhalb der Nyingma- und Kagyü-Tradition des Tibetischen Buddhismus weithin verbreiteten.

Obschon die erstmalige Übersetzung des vorliegenden Textes ein eklatantes Interesse am Buddhismus tibetischer Prägung im Westen auslöste, sind ihr eine Vielzahl von Unzulänglichkeiten anzulasten: Da bis dato keine Schriften religiösen bzw. philosophischen Inhalts aus dem Tibetischen in moderne Sprachen übersetzt worden waren, fehlte ein Begriffssystem, in das jene hätten übertragen werden können. Weil außerdem die Wörterbücher, die zwischen Tibetisch und den modernen Sprachen vermitteln sollten, auf Versionen zurückgingen, die im siebzehnten Jahrhundert von Jesuitenpatern angefertigt worden waren, lag es nahe, dieser ersten Übersetzung eine christliche Terminologie zugrundezulegen; dadurch wurde ihr Inhalt natürlich in einer äußerst fragwürdigen Weise verfremdet. Obwohl dieser ersten Übersetzung der ‚Pioniercharakter' in keiner Weise abzusprechen ist, ist sie heute – außer als Arbeitsgrundlage für den vergleichenden Religionswissenschaftler – von keinerlei Wert mehr.

Neuere Übersetzungen des vorliegenden Textes ins Deutsche rekurrieren leider auf jene erste Übersetzung, so daß deren Fehler und Unzulänglichkeiten von Version zu Version weitergetragen wurden. Der Begriff ‚Mitgefühl' (tib: snying.rje) beispielsweise, der im Tibetischen Buddhismus als der aufrichtig empfundene Wunsch definiert ist, alle Wesen frei von sämtlichen Arten des Leidens sowie von dessen Ursachen [*die negativen bzw. andere Wesen schädigenden Handlungen*] sehen zu wollen, wird in den verschiedenen deutschsprachigen Übersetzungen des ›Tibetischen Totenbuches‹ als ‚Erbarmen', als ‚Gnade' oder gar als ‚Mitleid' übersetzt. Diese Termini transportieren fraglos vollkommen abwegige und irreführende Konnotationen, vergleicht man ihren Bedeutungsgehalt und ihre übliche Verwendung in christlichen Schriften mit der hier präsentierten Begriffsdefinition. Der für den Buddhismus überaus zentrale Begriff ‚Liebe' (tib: byams.pa) wird ebenfalls in den verfügbaren deutschsprachigen Übersetzungen fernab seiner per Definition festgelegten Bedeutung übersetzt: Was als ‚der aufrichtig empfundene und permanent kultivierte Wunsch, daß alle Wesen – einschließlich der eigenen Widersacher, Schädiger usw. – immer Glück und die Ursache des Glücks erleben sollen' definiert ist, erscheint in den bisher in deutscher Sprache verfügbaren Übersetzungen als ‚Freundlichkeit', als ‚tugendhafte Handlung' oder als ‚Frömmigkeit'. Auch die ‚negative Handlung' (tib: sgrib.pa) [*als solche Handlung, mittels derer der Nachteil anderer Wesen bewirkt wird oder mittels derer man anderen Wesen an Körper, Seele oder Besitztum schadet, definiert*] wird leider in sämtlichen in deutscher Sprache verfügbaren Übersetzungen – auch wenn die Bedeutung dieses Begriffs weit an obiger Begriffsdefinition vorbeigeht – als ‚Sünde' übersetzt [*beim Begriff ‚negative Handlung' steht in einer für den Buddhismus typischen, grundsätzlich altruistischen Weise das andere, dem Schaden ausgesetzte Individuum im Vordergrund der Betrachtung, während beim Begriff 'Sünde' das Hauptaugenmerk auf dem die Sünde begehenden Individuum selbst, das gegen bestimmte Gebote und Verbote verstößt, liegt*]. ‚Geistige Aktivität' bzw. die sog. ‚Mentalfaktoren' (tib: sems.dbyungs) [*mit diesem Begriff wird eine Tendenz des menschlichen Bewußtseins beschrieben, mittels derer das Individuum – auf vergangene Erfahrungen zurückgreifend, die es wiederum weitgehend selbst durch seine eigene Interpretation und sein anschließendes Reagieren strukturierte – die Einschätzung der momentanen Gegebenheiten und situativen Veränderungen vornimmt*] wird in den verfügbaren deutschsprachigen Übersetzungen als ‚Gesamtheit des Wollens', als ‚Gemütskräfte' oder als ‚Geistesregung' übersetzt. Der Meditationsaspekt bzw. die Yidam-Gottheit [*d.i. die Form einer Meditationsgottheit, die der Meditierende des sog. Vajrayana visualisiert und auf deren Visualisation er anschließend sein Gewahrsein ohne jede begriffliche*

Ablenkung für relativ lange Zeiträume verweilen läßt] ‚Chenrezig' wird in einer der vorliegenden Übersetzungen als ‚barmherziger Gott' übersetzt, womit die vollkommen unzutreffende Implikation eines Schöpfergottes im Tibetischen Buddhismus einhergeht.

Durch eine Terminologie, die dem ursprünglichen Text in dermaßen geringem Umfange gerecht wird, werden die Aussagen des ›Tibetischen Totenbuches‹ natürlich weitestgehend verzerrt. Deshalb ist es dessen frühen Übersetzungen anzulasten, daß sich auch heute noch im Westen viele abstruse Vorstellungen über die zentralen Aussagen des Tibetischen Buddhismus [*beispielsweise über den Sinngehalt der Begriffe ‚Inkarnation' oder ‚Karma'*] hartnäckig am Leben erhalten. Da sich die Liste der vollkommen an den Aussagen des Urtextes vorbeigehenden sachlich falschen oder zumindestens weitgehend irreführenden Begriffsübertragungen beliebig fortsetzen ließe [*was bei den zunächst ins Englische erfolgten Übersetzungen sowohl an der Übersetzung aus dem Tibetischen ins Englische als auch an der im Anschluß erfolgten Übertragung ins Deutsche liegen kann*], sind die drei ‚älteren Übersetzungen' für den praktizierenden Buddhisten leider nahezu unbrauchbar. Es liegt an diesen und anderen Unzulänglichkeiten der verschiedenen Übersetzungen ins Deutsche, daß die verschiedenen deutschen Übertragungen dieses Schatztextes ihre eigentliche Funktion, Sterbenden während ihres Sterbens und in den Wochen danach vorgelesen zu werden, um ihnen so ein optimales Ableben zu ermöglichen, niemals erfüllen konnte, weshalb ein solches Vorgehen – das in buddhistischen Ländern vollkommen selbstverständlich ist – noch niemals in deutscher Sprache praktiziert werden konnte. Dies ist außerordentlich bedauerlich, bedenkt man, wieviele Menschen – obwohl sie sich das sehnlichst wünschen – ohne den Beistand jener Tradition aus dem Leben scheiden müssen, die sicherlich über das tiefgründigste Wissen über die Vorgänge beim Sterben und danach sowie zudem über solche Methoden verfügt, die dazu beitragen, diese Vorgänge bis in außerordentlich subtile Stufen des Sterbeprozesses hinein zu optimieren.

Leider krankt auch eine jüngst erschienene Neu-Übersetzung aus dem Amerikanischen zumindestens an ihrer anschließenden Übersetzung ins Deutsche, bei der bedauerlicherweise ebenfalls die alten Fehler wiederholt worden sind. Zudem fügt der Übersetzer dem Text leider seine eigenen Erläuterungen und Ergänzungen an – ein Vorrecht, das traditionellerweise ausschließlich den zugleich höchsten tibetischen Gelehrten und verwirklichten Meditationsmeistern vorbehalten ist [*im tibetischen Kulturraum ist Sekundärliteratur über buddhistische Themen völlig unbekannt*]. Deshalb kann auch diese Übersetzung nicht ihrem ursprünglichen Zweck, Menschen auf ihr eigenes Sterben und die Zeit danach vorzubereiten bzw. – wie der Titel schon sagt – anderen Sterbenden bzw. Verstorbenen bei diesem Vorgang zu assistieren, indem man ihnen diesen Text wiederholt wörtlich vorliest, gerecht werden. Kurz: Eine Neu-Übersetzung ins Deutsche war längst überfällig.

Die vorliegende Neu-Übersetzung aus dem Tibetischen bemüht sich um größtmögliche Worttreue, auch wenn sich dadurch zuweilen etwas steif klingende Satzkonstruktionen nicht ganz vermeiden lassen. Die Übersetzung des Textes selbst ist durch Großdruck eindeutig von in die Übersetzung integrierten authentischen Ergänzungen aus anderen Veröffentlichungen zum Thema Sterben, Tod und Wiedergeburt aus der Sicht des Tibetischen Buddhismus abgesetzt, die eingerückt und in kleinerer Schrift dargestellt werden [*kursiv sind solche Worte und Formulierungen gedruckt, die zur Bildung eines deutschen Satzes unvermeidlich waren, ohne im tibetischen Urtext zu stehen. Kursiv und in eckigen Klammern stehen Sinnerläuterungen, die dem Übersetzer für das Verständnis des Textes unerläßlich erschienen*]. Durch Fettdruck hervorgehoben sind ferner die Passagen des ›Tibetischen Totenbuches‹, die von seinem Verfasser Guru Rinpoche dafür vorgesehen wurden, Sterbenden bzw. Verstorbenen wörtlich vorgelesen zu werden. Durch all diese Maßnahmen erlaubt die vorliegende Übersetzung des ›Tibetischen Totenbuches‹ nicht nur, sich selbst gemäß der Anweisungen Guru Rinpoches auf den eigenen Tod vorzubereiten, sondern auch anderen Menschen bei deren Sterben überaus wirksam zu assistieren. Ferner enthält das Buch im Anhang ausführliche Empfehlungen zu einer buddhistisch inspirierten Sterbevorbereitung bzw. Sterbebegleitung. Eine Bibliographie verläßlicher Schriften zu Sterben und Tod aus der Sicht des Tibetischen Buddhismus beschließt diesen Band. Und schließlich: Die Anweisungen des ›Tibetischen Totenbuches‹ entstammen zwar der buddhistischen Lehre, sind aber nicht nur für Buddhisten gedacht, denn Sterben müssen alle – nicht nur Buddhisten, und das Sterben gestaltet sich für alle Menschen grundsätzlich gleich.

Der Übersetzer ist Diplom-Psychologe des Jahrgangs 1951 und hat seit nunmehr fünfzehn Jahren unter Anleitung der höchsten Gelehrten und Meditationsmeister der Karma Kagyü-Tradition des Tibetischen Buddhismus in Europa und Asien Buddhismus studiert und praktiziert. Buddhismus ist keine Glaubensreligion, sondern die einzige Lehre, die sich theoretisch wie praktisch mit der Natur und den unterschiedlichen Entäußerungsformen des menschlichen Geistes befaßt [*ein Gegenstand, über den die westliche Psychologie bedauerlicherweise überhaupt keine Stellungnahme abgibt; sämtliche psychologischen Traditionen klammern den Aspekt des menschlichen Geistes sogar bewußt aus ihren Untersuchungen aus. So nimmt es nicht wunder, wenn die Psychologie keinen letztlich wirksamen Beitrag zur Unterstützung Sterbender leisten kann*]. Zu diesem Zweck hat der Übersetzer am ‚Marpa Institute for Translators' in Kathmandu/Nepal die außerordentlich komplexe und philosophisch anspruchsvolle tibetische Schriftsprache erlernt [*Khenpo Tshultrim Gyamtso Rinpoches ›Lehrbuch der tibetischen Umgangs- und Schriftsprache‹, Hrsg.: Albrecht Frasch, TASHI Verlag 1999, das Studenten an die tibetische Umgangssprache wie an die Übersetzung tibetischer Originalliteratur heranführt, ist im Buchhandel, über die Internet-Adresse http://www.tashi-verlag.de bzw. unter der e-mail-Adresse buecher@tashi-verlag.de zu beziehen*]. Anschließend absolvierte der Übersetzer ein sechsjähriges Studium der Erkenntnistheorie und der Psychologie des Tibetischen Buddhismus an einer tibetischen Universität in New Delhi/Indien, dem ‚Karmapa International Buddhist Institute'. Seitdem bemüht sich der Übersetzer, den [*Tibetischen*] Buddhismus von anderen Religionen und zeitgenössischen esoterischen Strömungen abzugrenzen, auch wenn heutzutage eher einer unreflektierten, durch mangelnde Sprachkenntnisse und begrenztes Fachwissen verbreiteten Übervereinfachung und Verflachung buddhistischer Inhalte das Wort geredet wird, wonach sich die buddhistischen ‚Religion' [‚*Geistesschulung*' *wäre zutreffender*] in den wesentlichen Punkten mit allen übrigen spirituell/religiösen Traditionen unserer Zeit in Übereinstimmung befände. Dies ist keineswegs der Fall! In diesem Zusammenhang sei auch auf mein Buch ›Eine neue Dimension; Geist und Psyche – Antworten des Tibetischen Buddhismus auf offene Fragen der westlichen Psychologie und Psychotherapie‹; TASHI VERLAG 1999 verwiesen.

Jedes Lesen dieses Textes – ob leise für sich selbst oder laut für jemand anderen – wird nicht nur das Verständnis für die Vorgänge beim Sterben und im Tod, sondern generell den Einblick, den man aus der Sicht des Sterbens in die Mysterien des Lebens gewinnt, außerordentlich vertiefen.

Berlin, im Mai 1999

Albrecht Frasch

Einleitende Bemerkungen

Im folgenden werden buddhistische Belehrungen über Sterben, Tod und Wiedergeburt präsentiert; zwar handelt es sich hier um die Lehren des historischen Buddha – dennoch sind sie nicht ausschließlich praktizierenden Buddhisten aus aller Welt oder solchen Individuen, die sich zumindestens von ihrer Überzeugung her als Buddhisten ansehen, vorbehalten, denn sterben müssen alle – Buddhisten und Nicht-Buddhisten, und ohne jede Vorbereitung auf das eigene Sterben, die die tatsächlichen Vorkommnisse in Sterben und Tod angemessen berücksichtigt, wäre jeder unabhängig von seiner Religionszugehörigkeit den Ereignissen, die ihm dann wiederfahren, blind – d.h. ohne jede Beeinflussung zum Besten hin – ausgeliefert. Da die Lehren des historischen Buddha authentisch sind [*d.h. in Übereinstimmung mit den tatsächlichen Gegebenheiten stehen*], und da es der einzige Beweggrund des Buddha war, mit seinen Lehren die Leiden der fühlenden Wesen zu mildern, hat er auch Belehrungen präsentiert, die Nicht-Buddhisten zur Verfügung stehen, vorausgesetzt, sie stehen seiner Lehre vorurteilsfrei und offen gegenüber; zu diesen Lehren gehören diejenigen Belehrungen, wie man sich im Sterben und im Tod verhalten sollte, und wie man sich auf diese Übergänge (tib: bar.do) vorbereiten sollte. Da diese Belehrungen in sich zutiefst schlüssig und wahr sind, wird jede intelligente Person gründlich über sie nachdenken; je mehr sie dies tut, umso mehr Vertrauen wird sie zwangsläufig in die Lehren des Buddha gewinnen, und sie wird wahrscheinlich auch den Wunsch entwickeln, sie zu praktizieren. Dieses Ansinnen kann jedoch nur dann in die Tat umgesetzt werden, wenn sie mit einem authentischen spirituellen Lehrer zusammentreffen, der in der Übertragungslinie steht und womöglich die buddhistischen Lehren in seinem eigenen Bewußtseinsstrom realisiert hat[1] – *auch wenn hier in eindeutiger Weise solche Gebiete berührt werden, die ansonsten streng geheim gehalten werden, indem sie ausschließlich mündlich vom spirituellen Lehrer auf einen einzelnen oder einige wenige spirituelle Schüler übertragen werden, die ihrerseits zu strengster Geheimhaltung verpflichtet sind [Anm. d. Übersetzers].*

---

[1] *aus Chökyi Nyima Rinpoches ›The Bardo Guidebook‹,* RANGJUNG YESHE PUBLICATIONS *1991, S. 24; zusammengefaßt und aus dem Englischen übertragen vom Übersetzer*

Vergänglichkeit *bzw. Sterblichkeit bedeutet*, daß kein Individuum die Macht hat, für immer *auf dieser Welt* bleiben zu können. *Weil der Tod unaufhörlich näherrückt, und weil zur Todesstunde nur der Dharma von Nutzen ist*, werden Kontemplationen über das Sterben allgemein, darüber, was Sterben eigentlich ist, über das unvermeidliche Näherrücken des Todes sowie über die *eigentliche* Trennung *vom Leben empfohlen*.

Die Kontemplation über das Sterben besteht darin, immer und immer wieder darüber nachzudenken, daß das eigene Leben in nicht allzu ferner Zeit vorbei sein wird und man dann diese Welt verlassen muß. Die Kontemplation darüber, was Sterben eigentlich ist, besteht darin, immer wieder darüber nachzudenken, daß sich das Leben *mit jedem Moment* erschöpft, und daß es nicht mehr lange dauert, bis der eigene Atem versiegt und der eigene Körper sich in eine Leiche verwandeln wird; der eigene Geist, der sich dann vom Körper getrennt hat, wird zu dieser Zeit ziellos umherirren. Die Kontemplation über das unvermeidliche Näherrücken des Todes besteht darin, immer wieder darüber nachzudenken, daß vom letzten Jahr bis jetzt *schon wieder* ein Jahr vergangen ist; daß von gestern bis heute schon wieder ein Tag vergangen ist; daß von eben bis jetzt *schon wieder* ein Moment vergangen ist usw. und daß währenddessen das Leben mit jeder Sekunde verronnen ist. Die Kontemplation über die endgültige Trennung vom Leben besteht darin, immer wieder darüber nachzudenken, daß man sich in nicht allzu ferner Zukunft von seinen Freunden, von sämtlichen Besitztümern und selbst vom eigenen Körper wird trennen müssen.

Auch wenn die meisten Wesen nicht sterben wollen und sehr viele Menschen sich aus Angst vor dem Sterben nicht einmal gestatten, auch nur einen Gedanken darüber zu verlieren, steht der Prozeß des Sterbens jedem Wesen bevor! Der Tod ist schon deshalb unvermeidlich, weil der Körper zusammengesetzt ist und somit wie alles Zusammengesetzte Gegenstand von Verfall und Desintegration ist. Jedem Wesen, das aus einer mütterlichen Gebärmutter geboren worden ist, steht gemäß seinem von ihm selbst in unendlichen Lebenszeiten angesammelten Karma ein kürzeres oder längeres Leben bevor – an dessen Ende steht unausweichlich der Tod. In diesem Sinne ist der Tod das charakterisierende Merkmal von allem Zusammengesetzten; er ist das Zeichen für Vergänglichkeit! Der historische Buddha hat gelehrt, daß alles Zusammengesetzte vergänglich ist.[2] ‚Zusammengesetzt' bedeutet, daß ein Phänomen wie beispielsweise der menschliche Körper aus vielen kleineren Teilen[3] zusammengesetzt ist, die irgendwann einmal wieder auseinanderfallen werden. So unterliegt alles Zusammengesetzte der Vergänglichkeit.[4]

Natürlich handelt es sich auch beim eigenen Körper um etwas ‚Zusammengesetztes', da dieser folgendermaßen aus den fünf Elementen zusammengesetzt ist: Das sog. innere Erdelement von Haut, Fleisch und Knochen usw. – also alle festen körperlichen Bestandteile – entspricht dem äußeren Erdelement; die Körpertemperatur – *also sämtliche Stoffwechselprozesse, bei denen Wärme frei wird* – entspricht dem äußeren Feuerelement; Blut, Lymphe, Urin und andere Körperflüssigkeiten entsprechen dem äußeren Wasserelement; und der Atem entspricht dem äußeren Windelement.[5]

Auch die einzelnen anatomisch/physiologischen Strukturen des Körpers wie sein Fleisch, das Blut usw. sind – obwohl die Worte und wissenschaftlichen Bezeichnungen, die ihnen zugeschrieben werden, diesen Eindruck vermitteln – keine ‚einzelnen Entitäten'[6], sondern sie bestehen aus einer Unzahl einzelner Muskelstränge und immer feineren Muskelfasern bzw. aus den einzelnen Bestandteilen des Blutes usw., die ihrerseits wiederum aus Molekülen, dann aus den Atomen und deren Bestandteilen bestehen, die sich selbst ad infinitum aus immer kleineren Partikeln zusammensetzen; deshalb existieren die verschiedenen Bausteine des Körpers, die die fünf Elemente repräsentieren, ‚le-

---

[2] *d.i. das erste der sog. ‚vier Siegel'; vgl. Khenpo Chöthrak Thenpel Rinpoches et al. Kommentar zu Shakya Panditas ›Schatz der Begründungen und gültigen Erkenntnisse‹, KIBI 1992; Bearbeiter: Albrecht Frasch, S. 36*

[3] *den gröberen Bestandteilen, die sich wiederum in kleinere Bestandteile zergliedern, die wiederum aus Molekülen und diese wiederum aus einzelnen Atomen bestehen. Der Begriff ‚Zusammengesetztes' kennzeichnet also den Umstand, daß sich die Objekte der relativen Wirklichkeit aus unzähligen subtilen Partikeln – d.h. den Atomen und ihren Bestandteilen – zusammensetzen; vgl. Khenpo Chöthrak Thenpel Rinpoches et al. Kommentar zu Dharmakirtis ›Pramanavartikka‹, KIBI 1994; Bearbeiter: Albrecht Frasch, S.72*

[4] *gekürzt und zusammengefaßt aus Gampopas ›Juwelenornament der Befreiung‹ in der Übersetzung aus dem Tibetischen von Albrecht Frasch; TASHI VERLAG 1999; S. 29 ff*

[5] *üblicherweise ist in diesem Zusammenhang von einem fünften Element – dem Raumelement – die Rede, dem auf grobstofflicher Ebene die Ausdehnung des Körpers und seiner Organe sowie seine Körperhöhlungen entsprechen; vgl. beispielsweise Lama Lodrös ›Bardo-Teachings – the Way of Death and Rebirth‹, SNOW LION 1987; S. 5; und Bokar Rinpoches ›Der Tod und die Kunst des Sterbens im Tibetischen Buddhismus‹, KAGYÜ DHARMA VERLAG 1992; S. 13f*

[6] *in der buddhistischen Erkenntnistheorie „Singularität" genannt; vgl. beispielsweise Khenpo Chöthrak Thenpel Rinpoches et al. Kommentar zu Dharmakirtis ›Pramanavartikka‹, KIBI 1994; Bearbeiter: Albrecht Frasch, S. 7f*

diglich' relativ bzw. in Abhängigkeit von den sie konstituierenden Bestandteilen und stellen also keine ‚singulären' Entitäten dar. Da die einzelnen Bestandteile des Körpers nur in Abhängigkeit von den sie konstituierenden Elementen existieren, unterliegt deren reibungsloses Zusammenspiel ebenfalls der Veränderung in der Zeit. Alles ‚Zusammengesetzte' – insbesondere lebende Organismen – fallen demzufolge nach einer gewissen Zeit wieder der Vergänglichkeit anheim. Wenn der Körper sämtlicher körperlicher Wesen, der als ‚Zusammengesetztes' aus den fünf Elementen besteht, zu irgendeinem Zeitpunkt unvermeidlich wieder der Desintegration anheimfallen wird, sterben die Wesen.

Im Sterben trennen sich Körper und Geist, und der aus Materie bestehende Körper zerfällt vollends. Der Geist, die Persönlichkeit bzw. die Entität, die den Erlebniskern oder die Psyche des Menschen ausmacht, wird im Buddhismus nicht als Entäußerung körperlicher Prozesse [*beispielsweise der Tätigkeit bestimmter Strukturen des Gehirns*] aufgefaßt, sondern beschreibt eine eigenständige geistige Dimension. Dementsprechend ist der Geist gemäß einer buddhistischen Auffassung in einem aktiven Sinne als aus einer endlosen Folge von Momenten der Bewußtheit bzw. des Gewahrseins zusammengesetzt ... und stellt ein Kontinuum einzelner Bewußtseinsmomente dar, die die aktiven Agenten sämtlicher bewußt erfahrener Eindrücke ausmachen. Unter geistigen Eindrücken ist in diesem Zusammenhang die Totalität der einem Individuum bewußt werdenden geistigen Inhalte zu verstehen. Geist stellt demzufolge die geistige bzw. bewußtseinsmäßige Komponente einer jeden bewußt werdenden Erfahrung dar. ... Geist ist in diesem Sinne als die unsubstantielle, weder materielle noch in irgendeinem körperlichen Organ materiell verankerte, leuchtende, klare und deutliche Fähigkeit des Individuums definiert, wahrnehmen und verstehen zu können.[7]

Darüber hinaus wird empfohlen, immer wieder über die Ungewißheit des Zeitpunktes des Todes nachzudenken. Der Todeszeitpunkt ist ungewiß, weil die Lebensspanne von Individuum zu Individuum schwankt, weil dem Körper keine ihn konstituierende solide Essenz innewohnt und weil es eine Vielzahl von Ursachen für den Tod gibt. Deshalb wird der Körper der Lebewesen mit einer Blase auf

---

[7] vgl. Albrecht Fraschs ›*Eine neue Dimension; Geist und Psyche – Antworten des Tibetischen Buddhismus auf offene Fragen der westlichen Psychologie und Psychotherapie*‹; TASHI VERLAG 1999, S. 18ff

einem Wildwasser, die vom Wind hervorgerufen wurde, oder mit einer Kerzenflamme im Luftzug verglichen. Das Leben ist derart unbeständig, daß es ein unfaßbares Wunder ist, daß man *wieder* einatmet, *nachdem* man ausgeatmet hat, und daß man *wieder* erfrischt vom Schlaf erwacht.

Der Körper, der nur unter großen Schwierigkeiten vervollkommnet und *anschließend* durch Nahrung und Kleidung am Leben erhalten werden konnte, der weder Krankheiten noch Hitze, weder Kälte, Hunger oder Durst ertragen kann, wird nach dem Tod von Vögeln und Hunden gefressen [*traditionellerweise: Luftbestattung*] oder den Flammen eines Feuers überantwortet [*traditionellerweise: Feuerbestattung*], vom Wasser davongetragen [*traditionellerweise: Wasserbestattung*] oder in einem tiefen Loch in der Erde vergraben [*traditionellerweise: Erdbestattung*].

Wann immer man dem Sterben anderer beiwohnt, vom Sterben anderer hört oder sich an das Sterben anderer erinnert, sollte man dies auf sich selbst anwenden und darüber kontemplieren, wie unbeständig und anfällig das eigene Leben ist. Da man von derselben Natur ist wie irgendein anderer Sterbender, der bislang voller Kraft und von guter körperlicher Verfassung war, sollte man sich klar machen, daß der Tod schon bald unvermittelt und ohne jede Ankündigung auch zu einem selbst kommen kann. Da man folglich nie sicher sein kann, ob man den nächsten Morgen noch erleben wird, sollte man sich nicht ausschließlich um das ‚Morgen' sorgen, sondern den Belangen der nächsten Existenz mindestens die gleiche Bedeutung einräumen! Der Nutzen solcher Betrachtungen über die Vergänglichkeit und Sterblichkeit besteht darin, daß – indem man alles Zusammengesetzte als vergänglich erkennt – die Anhaftung an dieses Leben nachläßt; dies ist die unabdingbare Voraussetzung dafür, daß man seine spirituellen Praktiken mit Hingabe und Ausdauer betreibt und so das Gewahrsein des eigenen Geistes von allen Hoffnungen und Befürchtungen bezüglich des zukünftigen Lebensunterhalts, des zukünftigen Wohlbefindens, zukünftigen Glücks und sozialen Status' abwendet, bis man schließlich alle Erscheinungen als gleichwertig erkennt.[8]

---

[8] *gekürzt und zusammengefaßt aus Gampopas ›Juwelenornament der Befreiung‹ in der Übersetzung aus dem Tibetischen von Albrecht Frasch,* TASHI VERLAG 1999; *S. 29 ff*

Die Belehrungen des sog. ‚Vajrayana' bzw. Diamantfahrzeugs werden deshalb als der geheime Pfad bezeichnet, weil sie außerordentlich spezielle Methoden [*wie beispielsweise den vorliegenden Text*] beinhalten, die eine unmittelbar *eintretende* Erleuchtung ermöglichen. Diese Methoden sind so einfach, daß viele Menschen sie nicht glauben werden, und so tiefgründig, daß die meisten Menschen sie nicht erfassen können. Wenn einem zum Zeitpunkt des Sterbens die Gottheiten erscheinen, besteht die Möglichkeit, spontan und unmittelbar die Erleuchtung zu erlangen – wenn es einem gelingen sollte, das, was geschieht, *direkt* zu erkennen. Wer zu Lebzeiten sehr viel negatives Karma angesammelt hat, wird zum Zeitpunkt seines Sterbens kein Vertrauen in die Möglichkeit der Erleuchtung verspüren, und er wird durch das Gewicht seines schlechten Karma davon abgehalten werden, die Gottheiten *als solche* zu erkennen. Es ist ein großer Fehler anzunehmen, daß man die Gottheiten des Bardo erkennen kann, ohne in diesem Leben große Anstrengungen unternommen zu haben; vielmehr ist es von größter Bedeutung, jetzt – zu Lebzeiten – Verdienst anzusammeln und Hingabe gegenüber dem Buddha und seiner Lehre zu erzeugen; zusätzlich ist es unerläßlich, seine Meditation gut zu entwickeln und die Gottheiten so klar wie möglich zu visualisieren. Wer in dieser Lebenszeit solcherart positive Gewohnheitstendenzen in seinem Bewußtsein verankert, der kann im Bardo *des Sterbens* die Erleuchtung verwirklichen.[9]

Der Tod ist zwar unausweichlich, aber er wird nicht schmerzlos sein, so wie das irreführende veranschaulichende Beispiel des Verlöschens einer Flamme durch einen Windstoß oder einen Regenguß dies fälschlicherweise nahelegt; den wenigsten – sogar wenn sie die buddhistische Lehre ernsthaft praktiziert haben und dadurch gelernt haben sollten, ihren Geist zu kontrollieren – ist es vergönnt, in grossem Frieden und glücklich zu sterben. Deshalb sollte – wer immer diese Möglichkeit besitzt – sich bereits zu Lebzeiten auf die enormen Schwierigkeiten, die Schmerzen und die Ängste vorbereiten, denen man *zu dieser Stunde* unausweichlich ausgesetzt sein wird.[10]

---

[9] aus Lama Lodrös ›Bardo-Teachings; The Way of Death and Rebirth‹; SNOW LION PUBLICATIONS 1987, S. XIII-XIV; *zusammengefaßt und aus dem Englischen übertragen vom Übersetzer*

[10] aus Chökyi Nyima Rinpoches ›The Bardo Guidebook‹, *RANGJUNG YESHE PUBLICATIONS 1991, S. 82f; zusammengefaßt und verkürzt aus dem Englischen übertragen vom Übersetzer*

Da Zeitpunkt und Ursache des eigenen Todes vollkommen im Ungewissen liegen und man nicht einmal mit Sicherheit davon ausgehen kann, den nächsten Tag oder die nächste Woche zu erleben, sollte man überall, wo man sich aufhält, und unter allen Umständen folgendermaßen eingerichtet über den eigenen Tod kontemplieren: Während man *irgendeine unbedeutende Handlung* ausübt, sollte man sich sagen: ‚Dies ist wohl die letzte Tat in meinem Leben!' und sich mit vollkommener Überzeugung darauf konzentrieren. Wohin immer man sich auch wendet, immer sollte man sich sagen: ‚Mag sein, daß ich sterbe, wenn ich dort angekommen bin! Es gibt keine Gewißheit, daß ich von dort zurückkehren werde!' Begibt man sich auf eine Reise, sollte man sich fragen: ‚Werde ich an meinem Bestimmungsort sterben?' Wo immer man sich aufhält, immer sollte man sich fragen, ob dies der Ort ist, an dem man sterben wird. Geht man zu Bett, sollte man sich fragen, ob man im Verlaufe dieser Nacht sterben wird, oder ob man den Morgen unbeschadet erleben wird. Erhebt man sich morgens vom Schlaf, dann sollte man sich fragen, ob man irgendwann im Verlaufe dieses Tages sterben wird, und so weiter und so fort. Wer auf diese Art die Todesgewißheit in sich verankert und so zur Überzeugung gelangt, daß er – was die Vorbereitung auf den eigenen Tod betrifft – keine Zeit zu verlieren hat, und daraufhin buddhistische Praxis in einer authentischen Weise ausübt, ohne je in Unachtsamkeit zu geraten oder aus einem achtsamen Geisteszustand wieder herauszufallen, der wird – wenn der Tod kommt – nicht unvorbereitet sein.[11]

Keinesfalls sollte man sich jedoch darauf verlassen, daß der Ablauf des Sterbens bei jedem Individuum und unter allen Umständen starr nach dem im folgenden präsentierten Muster verlaufen muß: Zuweilen finden die verschiedenen Stadien der Auflösung der Elemente in einer vollkommen anderen Reihenfolge statt, oder ein Aspekt der Auflösung der Elemente steht sehr viel mehr im Vordergrund des subjektiven Erlebens des Sterbens und bzw. oder der äußeren Anzeichen des Sterbens als die anderen; die Stadien der Auflösung geschehen in Abhängigkeit von der körperlichen Konstitution des sterbenden Individuums, von der Beschaffenheit des feinstofflichen Energiesystems seiner Kanäle, Winde und Tropfen [s. S. *34*] sowie von

---

[11] *aus Patrul Rinpoches ›The Words of My Perfect Teacher‹;* HARPERCOLLINS PUBLISHERS *1994, S. 54f; zusammengefaßt und aus dem Englischen übertragen vom Übersetzer*

den äußeren Umständen, die das Sterben begleiten oder hervorrufen. Auf jeden Fall ist es außerordentlich vorteilhaft, die verschiedenen Stadien der Auflösung sowie die äußeren, inneren und geheimen Anzeichen, die mit jenen einhergehen, so gut zu kennen, daß man zu dem Zeitpunkt, an dem man damit konfrontiert sein wird, weiß, was zu tun ist.[12]

---

[12] *aus Chökyi Nyima Rinpoches ›The Bardo Guidebook‹,* RANGJUNG YESHE PUBLICATIONS *1991, S. 101/102; zusammengefaßt u. aus dem Englischen übertragen vom Übersetzer*

Der eigentliche Text

Vor dem Lama, der die drei Verkörperungen des Dharmakaya-Buddha Amitabha ‚Grenzenloses Licht', des Samboghakaya der friedlichen und zornvollen Gottheiten der Lotus-Familie und des Nirmanakaya des Lotus-Geborenen (tib: Guru Rinpoche; skrt: Padmasambhava), in sich vereinigt, dem Beschützer der Lebewesen verbeuge ich mich.

Diese *Praxis*, die ‚Befreiung durch Hören' (tib: thos.grol) *genannt wird*, ist eine Methode, die Praktizierende (lit: Yogis) von mittleren Fähigkeiten im ‚Zwischenzustand' (tib: bar.do) [*im folgenden nur noch kurz ‚Bardo' genannt*] zur Befreiung *zu führen* [*'Befreiung' kennzeichnet die Stufe der Verwirklichung, die mit der Realisierung der ersten Bodhisattvastufe bzw. mit der Erlangung des sog. ‚Pfades des Sehens' gleichzusetzen ist, von dem ab während der Meditation grundsätzlich und in der Nachmeditation teilweise die Unwirklichkeit des eigenen ›Selbst‹ erfahren wird*] vermag; sie weist drei Abschnitte auf.

Der Bardo des Sterbens

Der Bardo des Sterbens wird als schmerzhaft bezeichnet, weil dieser Prozeß unweigerlich Schmerzen und leidhafte Zustände mit sich bringt. Selbst wenn der Prozeß des Sterbens sehr schnell vonstatten gehen sollte oder das Sterben im Koma oder von einer Bewußtlosigkeit begleitet stattfinden sollte, erfährt der Geist des Sterbenden subtile – aber deshalb nicht minder peinigende – Schmerzen, wenn die Zirkulation des sog. lebenserhaltenden Windes im Zentralkanal unterbrochen wird. ... Wenn der geübte Praktizierende mit der überwältigenden Erfahrung der Agonie konfrontiert wird, macht er nichts anderes, als in die Essenz der schmerzhaften Erfahrung zu schauen; dadurch gelingt es ihm, der schmerzhaften Erfahrung standzuhalten und nicht von ihr überwältigt zu werden. Wenn der

Sterbende zu Lebzeiten seinen Geist nicht in ausreichendem Maße durch Meditation stabilisieren konnte, sollte er sich während dieses Stadiums des Sterbens mit aller Kraft darauf konzentrieren, den schmerzhaften Erfahrungen nicht eine allesüberragende Bedeutung zuzuerkennen bzw. das eigene Gewahrsein nicht regelrecht von ihnen fortspülen zu lassen; stattdessen sollte er versuchen, den leeren und dennoch bewußten Geisteszustand aufrechtzuerhalten, bis das sog. ‚Basis-Klare Licht' bzw. das Klare Licht des Todes aufdämmert.

Sterben kann aus zwei Gründen einsetzen: 1) weil die Lebensspanne ausgelaufen ist, oder 2) weil bestimmte sekundäre Ursachen wie beispielsweise eine Erkrankung oder ein Unfall das Leben beenden.[13]

Die vorbereitenden Übungen, die die Wesen zur Befreiung führen

Zu Anfang *des Sterbeprozesses* soll man den stufenweisen Weg praktizieren, der *Praktizierende* mit außerordentlichen Fähigkeiten mit Gewißheit zur Befreiung führt. Sollte man durch jenen *Weg* keine Befreiung erlangen, soll man im sog. ‚Bardo des Sterbens' (tib: chi.kha'i.bar.do) ‚Phowa' (tib: 'pho.ba) [*eines der sog. sechs Yogas von Naropa – eine Praxis, mittels derer man zu Lebzeiten immer wieder übt, sein Bewußtsein gemeinsam mit dem feinstofflichen Energietropfen aus seinem Körper hinauszuschleudern, damit es einem während des eigenen Sterbevorganges nicht schwer fallen wird, diese Praxis über den Punkt hinweg, von dem ab die Rückkehr ins Leben unmöglich ist, zu praktizieren*] praktizieren, *wodurch man*, indem man sich *die eigene Praxis des Phowa zu Lebzeiten* vergegenwärtigt, spontan zur Befreiung *gelangen wird*; durch jene *Praxis* sollten Praktizierende mit mittleren Fähigkeiten mit Gewißheit zur Befreiung gelangen. Wenn man *jedoch* durch jene *Praxis* keine

---

[13] *d.i. der sog. unzeitige bzw. verfrühte Tod. Aus Chökyi Nyima Rinpoches ›The Bardo Guidebook‹,* RANGJUNG YESHE PUBLICATIONS 1991, *S. 85/86; zusammengefaßt und aus dem Englischen übertragen vom Übersetzer*

Befreiung erlangt, sollte einem *wenigstens* diese ›Große Befreiung durch Hören‹ im Verlauf des *siebenwöchigen* ›Bardo des Todes‹ (tib: chos.nyid.bar.do) ernstlich *zu Gehör gebracht* werden.

Zu diesem Zweck sollte der Praktizierende zunächst *bei sich* die Anzeichen des Sterbens gemäß dem Text ›Der klar *reflektierende Spiegel der Symptome des Todes*‹ [*vgl. den Einschub auf S. 39ff*] sorgfältig verfolgen; sobald die Anzeichen des Todes mit Gewißheit zur Gänze *eingetreten sind*, ist – indem man sich *die eigene Praxis zu Lebzeiten* vergegenwärtigt – Phowa zu praktizieren, das spontan zur Befreiung führt. Wenn *durch* Phowa *das Bewußtsein* hinausgeschleudert worden ist, ist es nicht mehr erforderlich, daß die ›Befreiung durch Hören‹ *von einem Lama oder einem Dharmabruder bzw. einer Dharmaschwester [d.i. ein Schüler/eine Schülerin des eigenen Lama] für den Verstorbenen* gelesen werden muß; falls das Phowa *jedoch* nicht *erfolgreich* praktiziert worden ist, soll diese ›Befreiung durch Hören‹ mit klaren Worten und deutlicher Stimme nahe der Leiche gelesen werden. Wenn die Leiche nicht *anwesend* ist, soll *der die ›Befreiung durch Hören‹ Vortragende* sich zu der Stelle, an der zu Lebzeiten das Bett des Verstorbenen stand [*d.h. an den Ort, an dem der Verstorbene sich üblicherweise aufhielt*], begeben, und indem er das Bewußtsein *des Verstorbenen* herbeiruft, spricht er *Worte*, die die Kraft der Wahrheit besitzen [*diese sog. ‚Worte der Wahrheit' bringen tiefgründigen Wahrheiten zum Ausdruck, wie dies im ersten Abschnitt, der dem Sterbenden bzw. Gestorbenen vorgelesen wird, geschieht*], jenen unterdessen sich gegenüber als Zuhörer visualisierend.

Das sog. ‚Nirmanakaya-Phowa' besteht darin, ungetrübte Hingabe und außerordentlich starkes Vertrauen zu seinem spirituellen Lehrer [*der einem die Übertragung für diese Praxis gegeben hat; ohne eine solche Übertragung kann die Praxis des Phowa auf keinen Fall gelingen*] und Mitgefühl gegenüber sämtlichen fühlenden Wesen zu entwickeln. Man läßt den Vorgang des eigenen Sterbens so weit gedeihen, bis die sog. weiße und rote Erfahrung stattgefunden hat – anderenfalls würde man durch das Praktizieren von Phowa das eigene Sterben vorwegnehmen und spirituellen Selbstmord begehen, der einen zwingend in die niedersten Bereiche der Existenz statt zur Befreiung führen würde. Sodann fokussiert man seine ganze Konzentrationsfähigkeit auf eine bestimmte Keimsilbe, die man – begleitet von einem bestimmten Ton – den Zentralkanal hinaufschießt. Um Phowa erfolgreich zu praktizieren, bedarf es keiner großen Verwirklichung und keiner hohen Stufe intellektueller Erkenntnis; es genügt, Hingabe und Mitgefühl zu entwickeln und die Keimsilbe zu visualisieren. Allerdings muß man dazu die mündlichen Belehrungen, die man von einem dazu authorisierten verwirklichten spirituellen Lehrer erhalten hat, in dessen Beisein solange üben, bis gewisse Zeichen [*zunächst ein kleines Bläschen und schließlich sogar ein kleines Loch an der Krone des eigenen Kopfes, das die Haut* und *den Schädelknochen durchdringt*] anzeigen, daß die Praxis des Phowa erfolgreich ausgeübt worden ist [*im alten Tibet wurde als Beweis für die Bewältigung dieser Praxis ein dünner Grashalm deutlich über einen Zentimeter tief durch die Kopfhaut* und *die Schädeldecke des Praktizierenden gebohrt und tagelang dort belassen*]. Wenn dann die Zeit zu sterben gekommen ist, soll man sich weder durch Anhaftung noch durch Abneigung und Zorn ablenken lassen, sondern sein Bewußtsein wie ein geschickter Bogenschütze mit aller Kraft durch seinen Schädel hinaus *in das Reine Land von Buddha Amitabha* [*vgl. Abb. auf S. 104*] schießen.[14]

Während der laut vorzutragenden Rezitation *dieses* heiligen *Textes* ist es nicht angebracht, daß die Verwandten *des Gestorbenen* sowie Freunde, die *ihm* zugetan waren, in Tränen ausbrechen, weinen und wehklagen; sie sollten deshalb ausgeschlossen werden. Ist die Leiche anwesend, dann soll sein Lama oder ein Dharmabruder, dem er vertraute, oder ein *anderer* Praktizierender, dessen Geist *mit seinem* harmonierte, zu dem Zeitpunkt, an dem der äußere Atem zum Stillstand gekommen ist, mit den Lippen in der Nähe *eines* seiner Ohren weilend, ohne *jenes* zu berühren, diese ›Große Befreiung durch Hören‹ lesen.

---

[14] *aus Chökyi Nyima Rinpoches* ›The Bardo Guidebook‹, RANGJUNG YESHE PUBLICATIONS 1991, S. 109f; *zusammengefaßt und aus dem Englischen übertragen vom Übersetzer*

Die angemessene Erläuterung jener ›Befreiung durch Hören‹

Zu Beginn soll man den Drei Juwelen [*d.s. Buddha – das erleuchtete Individuum, Dharma – die Lehre, die zur Erleuchtung führt, und Sangha – die Gemeinschaft der Praktizierenden jener Lehre, die zur Erleuchtung führt*] sehr umfangreiche Opferungen darbringen; ist nichts vorbereitet worden, sollte man nehmen, was immer zur Hand ist, und *zusätzliche Opferungen* visualisieren; mit dem Geist sind unermeßliche *Opferungen* in der Vorstellung vorzunehmen.

Wenn man stirbt, *ohne bereits Verwirklichung erlangt zu haben*, ist man noch der Anhaftung an sein Haus, seinen Wohnort, seinen Besitz usw. ausgeliefert; diese Anhaftung an den Besitz, *der im gerade vergangenen Leben angesammelt worden ist*, ist das größte Hindernis dafür, im Bardo Buddhaschaft erlangen zu können. ... Man kann der Anhaftung an seinen Besitz im Sterben dadurch am besten begegnen, indem man *zu Beginn* des Sterbens all seinen Besitz – all das Geld, die Grundstücke und andere Kostbarkeiten – *entweder verschenkt oder* einem Mandala opfert. Wenn man im Sterben das Mandala-Gebet rezitiert, in dem es heißt: „Indem ich diese Scheibe säubere, mit Blumen schmücke usw. ..." und währenddessen all seinen Besitz opfert, wird man *im weiteren Verlauf des Sterbens* keine Anhaftung *an den Besitz der vergehenden Existenz* mehr haben. Es wird überdies empfohlen, in dieser Phase *des Sterbens* Bodhicitta zu entwickeln, indem man darüber nachdenkt, daß man das Los, den Leiden und Ängsten des Sterbens ausgeliefert zu sein, mit allen fühlenden Wesen teilt. ‚Deshalb ...', so sollte man *am Beginn des Sterbeprozesses* in Übereinstimmung mit dem *Sieben-Punkte*-Geistestraining denken, ... möchte ich jetzt mit meinen Leiden und meinen Ängsten *während des Sterbens* die Leiden und die Ängste aller fühlenden Wesen auf mich nehmen [*Tenga Rinpoche gibt im Sommer 1996 im Rahmen spezifischer Belehrungen auch allgemeine mündliche Unterweisungen zum Sterben*]'.

Anschließend soll man drei oder sieben Mal das Wunschgebet, das die Unterstützung der Buddhas und Bodhisattvas *beim Sterbevorgang* erfleht, rezitieren, woraufhin das Wunschgebet, das einen davor bewahrt, *von den Erscheinungen* des Bardo in Angst und Schrecken versetzt zu werden, das Wunschgebet, das *einen* bei der Gratwanderung durch den Bardo *des Todes* vor Gefahr bewahrt, sowie die Wurzelverse *der Befreiung im* Bardo einschließlich der *zu visualisierenden* ‚Keimsilben' [*im Text heißt es kurz:* ‚*Vokale'*] am Ohr *des Gestorbenen* darzubringen sind. Sodann ist der Situation angemessen die ›Große Befreiung durch Hören‹ drei oder sieben Mal zu lesen; es ist in drei Teile *untergliedert:* 1) das Aufzeigen des Klaren Lichtes im Bardo des Sterbens; 2) das große Bittgebet, das Aufzeigen *der Eindrücke, die der Verstorbene* im Bardo des Todes *erfährt;* und 3) die Belehrungen über die Methode, *wie* im ‚Bardo der Wiedergeburt' (tib: srid.pa'i.bar.do) *der Eintritt in* das Tor *der* Gebärmutter verhindert werden kann.

In Ost-Tibet war es Brauch, Verstorbenen während der sieben Wochen nach ihrem Tode diesen Text laut vorzulesen; zu diesem Zweck wurde zumeist ein Mönch ins Haus der Familie des Verstorbenen geladen, der die *entsprechenden* Opferungen vornahm und den Text jeden Tag langsam und laut verlas. Dadurch wurde dem Sterbenden definitiv geholfen.[15]

Was erstens das Aufzeigen des Klaren Lichtes (tib: 'od.gsal) [*der Terminus ‚Klares Licht' entspricht im Vajrayana dem Mahayana-Begriff der ‚Leerheit', der allerdings den nihilistischen Aspekt überbetont; gemäß Mipham Rinpoche ist ‚Klares Licht' als ‚von der Dunkelheit der Unwissenheit befreit und mit der Fähigkeit zu erkennen ausgestattet' definiert; es ist die wahre Natur des eigenen Geistes – d.i. seine Leerheit bzw. ‚Dharmata' – nämlich ein Geisteszustand, der vollkommen frei von jeglichen geistigen Fabrikationen ist. In der Tradition des Dzogchen wird ‚Klares Licht' auch als nicht-zusam-*

---

[5] aus Chökyi Nyima Rinpoches Kommentar zu Tsele Natsok Rangdröls ›*The Mirror of Mindfulness*‹, RANGJUNG YESHE PUBLICATIONS 1987, S. 9; aus dem Englischen vom Übersetzer

mengesetzte Essenz des vergangenen, gegenwärtigen und zukünftigen Bewußtseins, das vollkommen unabhängig von jeder mentalen Konstruiertheit ist – die leere Klarheit ursprünglicher Reinheit – definiert] im Bardo des Sterbens anbelangt, so wird dieser *Text* allen Arten *von Individuen, d. h.* solchen Personen, die *über* ein gutes intellektuelles Verständnis *verfügen*, ohne *dieses Verständnis* mit *tatsächlicher* Erkenntnis *[bzw. Verwirklichung]* durchdrungen zu haben, oder die zu einer *solchen* Erkenntnis *vorgedrungen sind*, sich allerdings nicht mit den *einzelnen* Schritten *dieser* Erkenntnis vertraut gemacht haben, oder gewöhnliche Personen, die niemals Instruktionen erhalten haben, vorgetragen; durch das Aufzeigen des ‚Basis-Klaren Lichts' (tib: gzhi'i.'od.gsal) werden jene den Bardo *des Todes*, der sich *dadurch* erschöpft, nicht erfahren und den ungeborenen Dharmakaya erlangen.

Was die Art und Weise der Präsentation anbelangt, *so* ist es am besten, wenn der Wurzellama, von dem *der Sterbende* selbst *die entsprechenden Anweisungen* erbeten hat, *beim rituellen Verlesen des Textes* anwesend sein kann. Kann jener nicht anwesend sein, sollte ein Dharmabruder *bzw. eine Dharmaschwester, mit dem bzw. der er* dieselben Gelübde *hält*, oder – falls ein solcher *bzw. eine solche* nicht zu finden ist – ein Lehrer [*lit: spiritueller Freund*] aus derselben Übertragungslinie (tib: chos.rgyud), oder – falls keiner von diesen gefunden werden kann – jemand, der die Buchstaben *dieses Textes* mit klarer Stimme *vorlesen kann, dessen* Worte deutlich aussprechen kann und der über die Kenntnis *des Textes* verfügt, *diesen* mehrmals vorlesen. Dadurch wird sich *der Sterbende* an die Bedeutung der Anweisungen *seines* Lama erinnern und unzweifelhaft unmittelbar daraufhin das ‚Basis-Klare Licht' jener Anweisungen *erkennen* und zur Befreiung gelangen.

Was den Zeitpunkt der Präsentation *dieses Textes* anbelangt: Indem die äußere Atmung zum Stillstand kommt, lösen sich die *feinstofflliche* Winde (tib: rlung; skrt: Prana) in das ‚Chakra der Weisheit' (tib: ye.shes.kyi.dhu.t'i) [*am Herzen*] hinein auf, und durch *diesen* ‚außerordentlichen Zustand, in dem sämtliche geistigen Aktivitäten vollkommen zum Erliegen gekommen sind' (tib:

spros.bral), scheint das Klare Licht *der* Erkenntnis auf [*gemäß der tibetischen Tradition wird der feinstoffliche Körper von 72 000 feinstofflichen Kanälen, in denen sog. feinstofflicher Wind zirkuliert und sog. feinstoffliche Tropfen bewegt, gebildet. Beim Sterben sammeln sich die Winde, die sich zuvor in sämtlichen Kanälen des Körpers aufhielten, zunächst im sog. ‚Zentralkanal', der vor der Wirbelsäule lokalisiert ist, und anschließend im Zentrum bzw. Chakra, das auf der Höhe des Herzens gelegen ist*]. Wenn sich daraufhin die Winde umkehren und in den rechten und linken *Seiten*kanal [*die im Grossen und Ganzen parallel zum Zentralkanal verlaufen*] entweichen, kommt es dadurch zum Pfad der Erscheinungen des Bardo *des Todes*; deshalb sollte die Präsentation *des ersten Teiles dieses Textes* vorgenommen werden, solange *die Winde* noch nicht in den linken und rechten *Seiten*-Kanal eingetreten sind. Der Zeitraum des Verweilens des inneren Atems entspricht lediglich der Dauer der Einnahme einer Mahlzeit.

> Der Körper sämtlicher Lebewesen ist durch bestimmte Ursachen und sekundäre Bedingungen erzeugt worden; diese sind der weiße Tropfen *bzw. die reine Essenz der Samenflüssigkeit* vom Vater, der rote Tropfen *bzw. die reine Essenz des mütterlichen Eies* von der Mutter *und das Bewußtsein des Zwischenzustandswesens. Parallel zur Wirbelsäule* verläuft der *feinstoffliche* Zentralkanal (skrt: Avadhuti), dessen oberes Ende der weiße Tropfen, den man ursprünglich vom Vater erhielt [*weiß und für den Segen der Berührung empfänglich*], bildet, und in dessen unterem Teil dort, wo der Zentralkanal mit den unteren Enden der beiden Seitenkanäle zusammentrifft [*d.i. vier Fingerbreiten unterhalb des Nabels*] der rote feinstoffliche Tropfen, den man ursprünglich von der Mutter erhielt, verweilt; *dieser Tropfen* ist von flammenförmiger Gestalt. Zwischen diesen beiden Tropfen fließt der sog. lebenserhaltende Wind, der verhindert, daß diese beiden Elemente ineinanderstürzen. Wenn der letzte Atemzug getan ist, kommt der lebenserhaltende Wind im Zentralkanal zum Erliegen, und der weiße und der rote Tropfen treffen sich im Herzen.[16]

---

[16] *aus Chökyi Nyima Rinpoches* ›The Bardo Guidebook‹, RANGJUNG YESHE PUBLICATIONS 1991, S. 11/12; *zusammengefaßt und aus dem Englischen übertragen vom Übersetzer*

Was die Art und Weise der Präsentation anbelangt: Wenn die *äußere* Atmung am Erlöschen ist, sollte *vom Sterbenden* die Praxis des Phowa [*das Ausschleudern des Bewußtseins*] bis zum Äußersten angewendet werden; wenn *Phowa* nicht *erfolgreich* praktiziert wurde, sollten diese *Worte* gesprochen werden:

„Höre, Sohn *bzw. Tochter* edler Herkunft [*mit dieser immer wiederkehrenden Floskel – im folgenden durch ‚Oh Edler …‘ ersetzt – ist die Zugehörigkeit zur guten Mahayana-Familie gemeint; wird dieser Text rituell in deutscher Sprache verlesen, wird empfohlen, an dieser Stelle lediglich den Namen des gerade Sterbenden zu nennen*] mit diesem und jenem Namen, weil es nun an der Zeit ist, daß Du Dir einen Weg suchst, und Dein Atem am Versiegen ist, wird Dir jenes, was als das Klare Licht des ersten Zwischenzustandes bezeichnet wird und dessen Bedeutung Dein Lama Dir zuvor aufgezeigt hat, erscheinen; dann wird Dein äußerer Atem versiegen, und weil Deine Bewußtheit (tib: rig.pa) nun alle Phänomene als nackt und leer wie der offene Himmel, als Klarheit und Leerheit untrennbar, ohne jedes Zentrum und jede Begrenzung wahrnimmt, scheint bloße Nichtsheit auf; komme nun her! Erkenne dies zu jenem Zeitpunkt und konzentriere Dich in Deinem Innersten auf jene Erkenntnis! Ich werde Dich nun auch anleiten, wie Du Dich weiterhin verhalten solltest."

Wer immer zu Lebzeiten von seinem spirituellen Lehrer ‚Instruktionen, die die wahre Natur des Geistes aufzeigen' (tib: ngos.sprod. kyi.gdams.pa) erhalten hat und daraufhin fähig war, sich mit der wahren Natur seines Geistes – dem sog. ‚Pfad-Klaren Licht' – vertraut zu machen, wird in diesem Stadium des Sterbens dazu in der Lage sein, die Kontinuität des Zustandes *geistiger Klarheit* aufrechtzuerhalten und die Befreiung zu realisieren, indem er im sog. ‚Basis-Klaren Licht', das klar und offen wie der wolkenlose Himmel ist und das ihm den Zugang zur ursprünglichen Weisheit, die jenseits jeden Intellekts ist, ermöglicht und die identisch mit dem Dharmakaya ist, verweilt. Im System der Nyingmapa wird das ‚Basis-Klare Licht' als ‚Samantabhadra in Vereinigung mit seiner Gefährtin Samantabhadri' bezeichnet, um damit zum Ausdruck zu bringen, daß diese Einheit von Leerheit und erkennender Klarheit, die in ihrer Essenz von ursprünglicher Reinheit ist, keinerlei konkrete Existenz besitzt. Im Mahamudra-System der Kagyüpa wird dieser Zustand als ‚Erkenntnis bar jeder gedanklichen Tätigkeit' bezeichnet. Vornehmlich aus diesem Grund sollte man zu Lebzeiten den Dharma praktizieren, damit es einem im Verlauf des Bardo des Sterbens dann, wenn für einen Augenblick sämtliche durch irgendwelche Wahrnehmungen hervorgerufenen störenden Gefühle vollends weggewischt sind, gelingt, die Befreiung zu verwirklichen; nun hat das eigene Gewahrsein die Gelegenheit, unabhängig von irgendwelchen Fixierungen auf bestimmte Wahrnehmungsobjekte oder Erinnerungen nackt in sich selbst zu ruhen bzw. die einem selbst innewohnende Achtsamkeit direkt zu erfahren; dies wird als ‚selbstgewahre Selbstbefreiung' bezeichnet.[17]

Indem man *diese* Erklärung solange, bis der äußere Atem versiegt, viele Male in *sein* Ohr spricht, soll man *dies* seinem Geist einprägen. Wenn sich daraufhin der äußere Atem im Prozeß des Versiegens befindet, soll man *den Sterbenden* mit seiner rechten Seite auf den Boden legen [*wodurch eine ebene Lage garantiert wird; bei der Qualität modernen Mobiliars kann man allerdings darauf verzichten, den Sterbenden auf den Boden zu betten*] und ihn die sogenannte ‚Löwenhaltung' [*der Sterbende liegt auf der rechten Seite, seine rechte Handfläche liegt unter der rechten Wange; mit dem rechten Daumen blockiert er sein rechtes Ohr, mit dem rechten Zeigefinger schließt er sein rechtes Augenlid, mit seinem rechten Mittelfinger drückt er das rechte Nasenloch zu und mit dem rechten Ringfinger und dem kleinen Finger der rechten Hand preßt er seine Lippen zusammen*] einnehmen lassen; dadurch wird die Zirkulation (tib: rba.rlabs) im Zentralkanal gehemmt.

Die Löwenhaltung wird an anderer Stelle davon abweichend definiert: Indem man beide Daumennägel jeweils an die Innenseite des unteren Gliedes des Ringfingers drückt und die linke Hand auf den

---

[17] aus Chökyi Nyima Rinpoches ›The Bardo Guidebook‹, RANGJUNG YESHE PUBLICATIONS 1991, S. 116ff; *zusammengefaßt und aus dem Englischen übertragen vom Übersetzer*

linken Oberschenkel legt, während man die rechte Hand unter sein Kinn legt, übt man einen vorteilhaften Effekt auf die subtilen Energiebahnen des Körpers aus, der es einem erleichtert, das ‚Pfad-Klare Licht' während des Sterbeprozesses zu erkennen und entsprechend zu meditieren; ... zu jenem Zeitpunkt muß der Sterbende, wenn er aus dem Automatismus des Sterbens ausscheren möchte, sich in einen Geisteszustand versetzen, der ‚leer' [*d.h. nicht wirklich bzw. in irgendeiner Weise materiell gebunden existiert*] und gleichzeitig erkennend ist – dies ist das sog. ‚Pfad-Klare Licht'; wer während des Sterbens in ihm zu ruhen vermag, wird automatisch befreit, wenn das ‚Basis-Klare Licht' aufscheint.[18]

Indem *nun* die *Aktivität in den* beiden *feinstofflichen* Kanälen, *die den Schlaf bewirken* [*wie sie auf S. 42 genannt werden*] *zunächst zunimmt und dann* versiegt, preßt man jene mit großer Kraft, damit der feinstoffliche Wind, der in den Zentralkanal eingetreten ist, am Zurückfließen gehindert wird und mit Gewißheit durch das Kronenchakra (tib: tshangs.bug) austreten kann [*hier handelt es sich nicht – wie in anderen Übersetzungen irrtümlich angegeben – um die Halsschlagadern, die beim Sterbenden zusammengepreßt würden, wodurch eine Bewußtlosigkeit hervorgerufen würde, die den Tod womöglich beschleunigen würde; da der Sterbende idealerweise die übrigen Tore, durch die das Bewußtsein entweichen könnte, mit seinen Fingern blockiert, so daß sein Bewußtsein ohnedies an der Krone seines Kopfes austreten muß, erübrigen sich zudem solche im alten Tibet ausschließlich den Experten in der Sterbebegleitung vorbehaltenen Praktiken, die eine intime Kenntnis des feinstofflichen Systems voraussetzen!*]. Auch unterdessen wird mit dem Verlesen des Textes fortgefahren. Zu diesem Zeitpunkt scheint im Bewußtseinskontinuum sämtlicher Wesen eine unverfälschte *Erscheinung*, welche eine Reflektion des Dharmakaya ist, die auch das Klare Licht des ersten Bardo des Sterbens genannt wird, auf. Zwischen dem Erlöschen des äußeren Atems und dem Versiegen des inneren Atems [*damit ist das Zirkulieren der Winde genannten Energien in*

---

[18] *aus Chökyi Nyima Rinpoches* ›The Bardo Guidebook‹, RANGJUNG YESHE PUBLICATIONS *1991, S. 102f; zusammengefaßt und aus dem Englischen übertragen vom Übersetzer*

den feinstofflichen Kanälen, die den feinstofflichen Körper durchziehen, gemeint] ist der *feinstoffliche* Wind in den Zentralkanal hineingeschmolzen; jener *Zustand* wird von gewöhnlichen *Menschen [die nicht durch meditative Übungen zu tieferen Einsichten in die Natur der Dinge vorgedrungen sind]* als Bewußtlosigkeit *bzw. Verlust der* Wahrnehmungsfähigkeit bezeichnet, deren Dauer *von Individuum zu Individuum* in Abhängigkeit davon, ob ihre körperliche Verfassung gut oder schlecht war, sowie von dem Zustand *ihrer* Kanäle und Winde variiert; wer *zu Lebzeiten* die Shine-Meditation dauerhaft *beherrschte* und häufig die analytische Meditation (tib: nyams.len) praktizierte, und wer *in der Praxis mit den feinstofflichen* Kanälen versiert war, verweilt für lange Zeit *[für sieben Tage und länger]* in diesem Zustand.

Die eindringliche Präsentation *dieses Textes* muß ununterbrochen in einer klaren Weise fortgesetzt werden, bis aus *einer der* Körperöffnungen *des Sterbenden [d.h. aus der Nase bzw. der Öffnung des Geschlechtsorgans]* eine gelbliche Flüssigkeit austritt. Wer ein sehr schlechtes *Leben geführt hat* oder wessen *feinstoffliche* Kanäle in einem schlechten *Zustand* sind, *für den* hat diese *Bewußtlosigkeit* nicht einmal die Dauer eines Fingerschnippens, während *sie* bei anderen *etwa* die Dauer einer Mahlzeit in Anspruch nimmt. Üblicherweise ist in den Sutras und Tantras von einer Bewußtlosigkeit von dreieinhalb Tagen die Rede *[im dieser Übersetzung zugrundeliegenden tibetischen Text heißt es sogar viereinhalb Tage, nach Erfahrung des Übersetzers ist in diesem Zusammenhang jedoch üblicherweise von dreieinhalb Tagen die Rede]*, und da sie in der Regel eine Dauer von dreieinhalb *[dito]* Tagen aufweist, soll man mit dem Aufzeigen des Klaren Lichtes *über diesen Zeitraum* ernstlich fortfahren.

Was die Art und Weise der Präsentation anbelangt: Wer *bereits* zuvor *[d.h. zu Lebzeiten] sein Bewußtsein* aus eigener Kraft auszuschleudern vermochte, *für den erübrigt sich das folgende;* wer dazu nicht in der Lage ist, in dessen *unmittelbarer* Nähe sollte *sein* Lama, ein *anderer* Schüler *des eigenen Lama* oder ein Dharmabruder *bzw.*

eine Dharmaschwester, der/die *dem Sterbenden* sehr nahe standen, verweilen *und ihm folgendes verlesen*:

„Jetzt ist das Anzeichen dafür da, daß das Element Erde sich in das Element Wasser auflöst."

1) Wenn das Element Erde vom Wasserelement absorbiert wird [*ausführlich: wenn die Fähigkeit des Erdwindes soweit verfällt, daß er nicht länger als Bewußtseinsträger fungieren kann; daraufhin tritt die Fähigkeit des Wasserwindes, dem Bewußtsein als Träger bzw. Grundlage zu dienen, in den Vordergrund*], kann der Sterbende seinen Kopf nicht mehr heben, nicht mehr stehen, und er bekommt einen verzerrten Gesichtsausdruck; Speichel läuft aus seinem Mund, und Rotz aus seiner Nase. Der Sterbende hat den subjektiven Eindruck, daß sein Körper in die Erde hineinsinkt; er kann seine Augen nicht mehr öffnen oder schließen; mit dieser Phase des Sterbens geht das sog. innere, nur dem Sterbenden erscheinende Anzeichen vermeintlicher bläulicher Luftspiegelungen einher. 2) Anschließend wird der Kreislauf immer schwächer, weil das Element Wasser sich in das Element Feuer auflöst; der Sterbende wird sehr durstig, während er gleichzeitig die Fähigkeit zu sprechen und zu hören verliert; mit dieser Phase des Sterbens geht das innere Anzeichen einer vermeintlichen bläulichen Rauchbildung inmitten dichter Wolken einher. Gleichzeitig hat der Sterbende entsprechend dem Charakter, den er zu Lebzeiten innehatte, bestimmte Halluzinationen: Übelgeartete Individuen werden schreckenerregende Visionen erleben und in Panik geraten; Individuen, die die buddhistischen Praktiken ausreichend geübt haben, sehen wunderschöne Szenerien oder gar ihren spirituellen Wurzellama vor sich, wie er ihnen die vier Einweihungen gibt und sie so zur Verwirklichung geleitet. 3) Als nächstes löst sich das Element Feuer in das Element Wind auf, woraufhin die Körpertemperatur des Sterbenden drastisch absinkt und seine Verdauung und sein Geruchssinn erlahmen. Seine Einatmung wird immer kürzer und schwächer, während seine Ausatmung immer nachhaltiger und länger wird; mit dieser Phase des Sterbens geht das innere Anzeichen eines Funkenfluges inmitten von Rauchschwaden einher. 4) Daraufhin löst sich das Element des Windes in den Raum auf, weil sämtliche Arten feinstofflicher Winde im System der feinstoffli-

chen Energiekanäle von dem Aufenthaltsort, den sie zu Lebzeiten einnahmen, zur Höhe des Herzens fließen; währenddessen hört der Sterbende ein lautes, alles übertönendes Donnern, und er wird von Angst und Schrecken überwältigt; dann erlahmt sein Geschmacks- und Tastsinn, er kann seinen Körper nicht mehr bewegen, und die Atmung setzt schließlich völlig aus; mit dieser Phase des Sterbens geht das innere Anzeichen eines vermeintlich blakenden Kerzenlichts einher. 5) Das Element Raum löst sich schließlich ins Bewußtsein hinein auf, woraufhin äußerlich der Tod einsetzt; zunächst fließen die Winde, die oberhalb des Herzens in den beiden Seitenkanälen zirkulieren, an der Krone des Kopfes in den Zentralkanal hinein, woraufhin dem Sterbenden ein klares gedämpftes weißes Licht, das den ganzen Raum ausfüllt – wie Mondlicht in einer klaren Herbstnacht – erscheint, weil der weiße feinstoffliche Tropfen, den der Sterbende bei seiner Konzeption vom Vater bekam und der zu Lebzeiten an der Krone seines Kopfes weilte, im Zentralkanal nach unten sinkt und oberhalb des noch intakten Herzchakra zum Stillstand kommt; gleichzeitig wird das Bewußtsein des Sterbenden verschwommen-nebelhaft; 6) anschließend strömen die Winde, die unterhalb des Herzzentrums in den beiden Seitenkanälen zirkulieren, an seinem unteren Ende in den Zentralkanal hinein, und der Sterbende macht die sog. strahlend rote Erfahrung – der ganze Raum ist mit orangerotem Licht ausgefüllt wie ein von der Sonne durchfluteter Herbsthimmel, weil der rote Tropfen, den der Sterbende bei seiner Konzeption von der Mutter bekam und der zu Lebzeiten auf Höhe des Nabels weilte, im Zentralkanal nach oben steigt und unterhalb des noch intakten Herzchakra zum Stillstand kommt. 7) Als nächstes versammeln sich die Winde im Zentralkanal auf Höhe des Herzens und fließen in den sog. unzerstörbaren Tropfen im Herzchakra hinein. Ein leerer Raum voll von schwarzer Leere wie ein sternenloser Nachthimmel tut sich dem Sterbenden auf. 8) Schließlich lösen sich alle Winde oberhalb und unterhalb des Herzchakra in den subtilen lebenserhaltenden Wind im unzerstörbaren Tropfen im Herzchakra hinein auf; wenn dann auch die subtilsten Arten von Wind und Bewußtsein schwinden, fällt der Sterbende in eine Bewußtlosigkeit, deren Dauer zwischen einem Augenblick bis zu sieben Tagen und länger schwanken kann; 9) anschließend dämmert dem Sterbenden das Klare Licht des Todes auf; es gleicht der natürlichen Farbe eines klaren Himmels bei Dämmerung, der weder von Sonnenlicht noch von Mondlicht noch von Dunkelheit eingefärbt wird; seine Farbe wird mit der Erscheinung, die während des Ruhens in meditativem Gleichgewicht wahrgenommen wird, verglichen.[19]

Auch wenn dies im vorliegenden Text nicht im Einzelnen aufgeführt ist, weil die Kenntnis des Sterbeprozesses für gebildete Tibeter obligat ist, liest man bei Eintreten der entsprechenden Anzeichen also weiter vor:

„Jetzt ist das Anzeichen dafür da, daß das Element Wasser sich in das Element Feuer auflöst. ... Jetzt ist das Anzeichen dafür da, daß das Element Feuer sich in das Element Wind auflöst. ... Jetzt ist das Anzeichen dafür da, daß das Element Wind sich in das Element Raum auflöst. ... Jetzt ist das Anzeichen dafür da, daß das Element Raum sich in das Element Bewußtsein auflöst."

So sollen die genannten Anzeichen für die *einzelnen* Stadien *des Sterbens* klar dargelegt werden. Wenn diese Aufeinanderfolge der Anzeichen *für das Sterben* vollendet und abgeschlossen ist, ist *der Sterbende* zu ermutigen, die folgende geistige *Einstellung bei sich* zu erzeugen, indem man ihm leise ins Ohr flüstert:

„Oh Edler ... ", oder wenn *der Sterbende* ein Lama war: „Oh edler Herr; ich bitte Dich, laß Deinen Geist (tib: thugs.bskyed) nicht abgelenkt werden!"

War *der Sterbende* ein Dharmabruder *oder eine Dharmaschwester* oder ein anderer Mensch [*kein Schüler des Lehrers des Vortragenden*], soll man ihn beim Namen rufen und ihm folgendes sagen:

„Oh Edler ..., nun bist Du bei dem angelangt, was man den Tod nennt; deshalb solltest Du folgende Einstellung in Dir er-

---

[19] *sinngemäß zusammengefaßt nach Lati Rinpoches* ›Death, Intermediate State and Rebirth in Tibetan Buddhism‹, SNOW LION 1980, S. 25 – 48

zeugen: ‚Oh weh; für mich selbst ist nun die Todesstunde gekommen. Indem ich mich auf meinen Tod ausrichte, werde ich darauf kontemplieren, nichts anderes als die Einstellung des ‚Erleuchtungsgeistes' [*lit: die Einstellung der Bodhisattvas*], welcher grenzenlose Liebe und grenzenloses Mitgefühl für alle fühlenden Wesen ist, in mir zu erzeugen. Zum Nutzen sämtlicher fühlender Wesen, deren Zahl grenzenlos wie der Himmelsraum ist, werde ich die Vollkommenheit der Buddhaschaft verwirklichen!' Indem Du dies denkend eine solche Einstellung entwickelst, solltest Du insbesondere währenddessen zum Nutzen der fühlenden Wesen das Klare Licht des Todes als Dharmakaya erkennen, indem Du aufgrund der Beschaffenheit jenes Klaren Lichtes die Vervollkommnung des höchsten Mahamudra [*das ‚Große Siegel'; hier nicht das Pfad-Mahamudra, nämlich eine Systematik von Praktiken, die zur Erfahrung der Buddhanatur bzw. von Mahamudra führt, sondern das sog. Ziel-Mahamudra, nämlich die Verwirklichung des absoluten Zustandes des eigenen Geistes, welcher in der Vereinung von Leerheit und Klarheit untrennbar, die eins mit der Buddhanatur ist, besteht*] erlangst; solltest Du jenes Mahamudra jedoch nicht verwirklichen, dann sollst Du den Zwischenzustand als Zwischenzustand erkennen. Im Bardo des Todes solltest Du Dich – während Du auf die Leerheit meditierst – in irgendeinem Körper, der in Vereinigung befindlich ist, manifestieren; in jener Gestalt solltest Du den Nutzen sämtlicher fühlender Wesen, deren Zahl grenzenlos ist wie der Himmelsraum, erbringen! Ohne von dem Wunsch der erleuchteten Einstellung abzulassen, solltest Du Dich an die früher erhaltenen mündlichen Unterweisungen zur Meditation und ihrer Anwendung erinnern!"

Mit klaren Worten sage man *dies nahe dem Ohr des Sterbenden*, damit er sich *an seine meditative Praxis zu Lebzeiten* erinnern kann und nicht *einen* Moment *mit seiner Konzentration* abschweift. Wenn daraufhin die äußere Atmung zum Erliegen gekommen ist, presse man *beide ‚feinstofflichen* Kanäle, die den Schlaf bewirken' (tib: rtsa.gnyid) kräftig [*was – wie gesagt – solchen Sterbehelfern vorbehalten ist, die das System der feinstofflichen Kanäle und Winde unter Anleitung entsprechend ausgebildeter Meditationsmeister studiert haben und von jenen zu einer derartigen Praxis authorisiert worden sind*], und spreche, *falls der Sterbende* ein Lama oder ein spiritueller Lehrer (tib: shes.gnyen) [*d.i. kein ordinierter Mönch*], der *in seiner spirituellen Praxis* weiter gediehen war als man selbst, *die folgenden* Worte klar *und deutlich* aus:

„Ehrwürdiger Herr ..., wenn Dir nun das Basis-Klare Licht erscheint, erkenne es als solches und verharre darin!"

Individuen, die während der weißen, roten und schwarzen Erscheinungen gemäß den Anweisungen ihres spirituellen Lehrers die Natur ihres Geistes als ursprüngliche Reinheit erkennen und ihr Bewußtsein aufrechterhalten können, fallen nicht in Bewußtlosigkeit, sondern vermögen das ‚Pfad-Klare Licht', das sie zu Lebzeiten eingeübt haben, mit dem Erscheinen des ‚Basis-Klaren Lichtes' – der ursprünglichen Reinheit selbst, die aufscheint, wenn sich alle Emotionen und Konzepte aufgelöst haben – zu vermischen. Wenn diese Vermischung stattfindet, ist das Individuum von begrenzten Geisteszuständen sowie von dem Automatismus, entsprechend seines individuellen Karma weiter blind in der bedingten Existenz von Samsara weiterwandern zu müssen, ‚befreit'.[20]

So ersuche man *spirituell* höhergestellte *Personen*. Alle anderen *Personen* [*d.h. solche Individuen, die nicht über mehr spirituelle Verwirklichung verfügen als derjenige, der die ›Befreiung durch Hören‹ vorträgt*] soll man mit der *folgenden* Ansprache instruieren:

„Oh Edler ... , Dein Geist ist jetzt solcherart beschaffen, daß Dir nun das Klare Licht des reinen ‚Wesens der Dinge' (skrt: Dharmata; tib: chos.nyid) aufscheint; verweile in ihm und erkenne es als solches! Dein jetziges erkennendes Gewahrsein (tib:

---

[20] *aus Chökyi Nyima Rinpoches* ›The Bardo Guidebook‹, RANGJUNG YESHE PUBLICATIONS *1991, S. 14; zusammengefaßt und aus dem Englischen übertragen vom Übersetzer*

shes.rig) [*‚Gewahrsein' ist als Bewußtsein frei von Ignoranz bezüglich der Leerheit der Erscheinungen sowie bezüglich der karmischen Verbindlichkeit guter bzw. schlechter Handlungen sowie bezüglich der dualistischen Fixierung definiert*] ist von der Natur dieses reinen Wesens (tib: sing.nge.ba), welches weder als Farbe, definierende Charakteristika noch Substanz existierend diese bloße Leerheit [*Leerheit ist als die Ermangelung einer tatsächlichen bzw. absoluten Existenz aus sich selbst heraus definiert. Sämtliche Phänomene existieren lediglich in Abhängigkeit von spezifischen Ursachen und unterstützenden Bedingungen für eine gewisse Zeit und fallen anschließend der Desintegration anheim; ihnen kommt also nicht die Wirklichkeit zu, die ihre physikalische Existenz suggeriert*] ist; das reine Wesen ist der weibliche Urbuddha Samantabhadri (tib: kun.tu.bzang.mo). Dein erkennendes Gewahrsein selbst, die Klarheit, die von der Natur der Leerheit ist, ist zur ungehinderten Vielfalt des nie endenden Gewahrseins – d.h. zur Leerheit selbst – geworden; dies ist das ‚reine Wesen' (tib: sing.nge.ba), der männliche Urbuddha Samantabhadra (tib: kun.tu.bzang.po), welcher im Reinen Land ‚Waléwa' (tib: wal.le.ba) weilt. Dein eigenes Bewußtsein (tib: rig.pa), das von der Essenz der weder irgendwann einmal entstandenen [*d.h. ungeschaffenen, allgegenwärtigen*] noch irgendwie als Substanz existierenden Leerheit ist, und Dein erkennendes Gewahrsein, das als Klarheit im Reinen Land ‚Waléwa' weilt, sind beide unveränderlich untrennbar, und sie sind der Dharmakaya der vollkommenen Erleuchtung. Dein eigenes Bewußtsein ist überdies die Untrennbarkeit von Leerheit und Klarheit, das sich im Großen Strahlenden Licht verkörpert; diese Untrennbarkeit ist der ungeborene und unsterbliche Buddha des unveränderlichen Lichtes Amitabha. Dies zu erkennen ist genug. Die Natur Deines eigenen erkennenden Gewahrseins – dieses reine Wesen – als Buddha zu erkennen und jenen Buddha als das eigene Bewußtsein anzusehen ist das Ruhen in der Meditation des Buddha."

Dies soll man drei oder sieben Mal mit deutlichen Worten und klarer Stimme rezitieren. Durch diese Worte wird sich *der Sterbende* zum einen an die Anweisungen seines Lama erinnern; ferner *gelingt es ihm dadurch*, seine eigene nackte ‚selbst-gewahre Eigenbewußtheit' (tib: rang.rig) als Klares Licht zu identifizieren; zudem wird er – im Selbstgewahrsein *verweilend* – mit Gewißheit die Befreiung [*d.i. die erste Bodhisattvastufe*], die dauerhaft nicht vom Dharmakaya getrennt ist – erlangen. So wird *der Sterbende* bezüglich des ersten Klaren Lichtes instruiert.

Bei dem sog. ‚Pfad-Klaren Licht' handelt es sich um die absolute Wirklichkeit, um das innere Gewahrsein, das seit anfangslosen Zeiten in jedem Individuum vorhanden ist, ohne jemals von irgendeinem Wesen erschaffen worden zu sein, bzw. um die wahre Natur der Wirklichkeit – betreffe dies die äußerlichen Phänomene oder den eigenen Geist selbst – die jedes Individuum von Zeit zu Zeit [*aber nur blitzhaft und verschwommen, weil gewöhnliche – d.h. nicht in Meditation geübte – Individuen keine Erfahrungen damit sammeln konnten, jene aufrechtzuerhalten, so daß sie immer wieder ihre Fährte verlieren und in die bedingte Erfahrung samsarischer – d.h. relativer – Umstände zurückfallen*] erlebt, ohne doch von ihr getrennt zu sein. ‚Buddha' kennzeichnet solche Individuen, die *aufgrund immenser Übung geistiger Disziplin über unvorstellbar lange Zeiträume* zu vollkommener Stabilität in der Erfahrung inneren Gewahrseins bzw. des ‚Basis-Klaren Lichtes' gefunden haben, so daß sie sämtliche irrigen Ansichten überwinden, die Befreiung *von der samsarischen Existenz* erlangen und schließlich unzählige erleuchtete Qualitäten entwickeln konnten.

Die unterschiedlichen Ebenen buddhistischer Belehrungen [*die Lehren der sog. neun Fahrzeuge*] sowie die unterschiedlichen Terminologien, die in ihnen Verwendung finden, um diesen natürlichen Zustand des Seins zum Ausdruck zu bringen, unterscheiden sich einzig darin, wie direkt sie diesen Geisteszustand vermitteln; dennoch handelt es sich bei all diesen Begrifflichkeiten nur um unterschiedliche Umschreibungen des ‚Basis-Klaren Lichts'.

Wie ist nun das ‚Pfad-Klare Licht' zu praktizieren? Um bestimmte Methoden anwenden zu können, die einem den Zugang zum ‚Basis-

Klaren Licht' verschaffen, muß man zunächst einen qualifizierten spirituellen Lehrer um Informationen darum bitten, *wie man meditieren soll. Er wird einen auffordern, in einer bestimmten Weise zu meditieren:* Wenn man auf das ‚Basis-Klare Licht' meditiert, soll man seinen Geist nicht auf einen bestimmten Bezugspunkt fixieren; weder soll man seine Aufmerksamkeit auf ein konkretes oder auf ein abstraktes Meditationsobjekt ausrichten noch irgendwelchen erinnerten Einsichten nachhängen; ‚Klarheit' bezieht sich in diesem Zusammenhang vielmehr darauf, daß man sich auf das ausrichtet, was tatsächlich gegeben bzw. natürlich gegenwärtig ist – der Praktizierende, der sich in der Bewußtheit des ‚Basis-Klaren Lichts' übt, bemüht sich *mit einsgerichteter Konzentration,* die Kontinuität seiner averbalen Achtsamkeit bzw. seines Gewahrseins aufrechtzuerhalten, ohne sich durch irgendwelche aufkommenden Worte und Gedanken erneut zur Fixierung auf jene mentalen Objekte verleiten zu lassen.

Üblicherweise neigt man dazu, über sämtliche neu gewonnen Einsichten sowie über die grundsätzlichsten buddhistischen Belehrungen wie etwa diejenige, daß alle Phänomene leer von jeglicher inhärenter [*d.h. ihnen innewohnender*] Wirklichkeit sind, nachzudenken – d.h. innerlich darüber Worte und Sätze zu bilden und auf eine konzeptuelle Ebene auszuweichen, statt achtsam in dem zu ruhen, was gerade ist. Man sollte sich jedoch davor hüten, intellektuelle Überzeugungen für eine tief in seinem Bewußtseinsstrom verankerte ‚Realisationen' zu halten; letztere kann einzig durch unbegriffliche Meditation verwirklicht werden. Und selbst wenn man sich bemüht, auf das zu meditieren, was unkonditioniert ist, ist der Ansatzpunkt zunächst ein konzeptueller: Man nimmt sich in Gedanken vor, seinen Geist bzw. sein Gewahrsein auf dasjenige auszurichten, was unbedingt ist; aber schon indem man seiner Achtsamkeit diese bewußte Vorgabe macht, engt man sein Gewahrsein wieder auf einen bestimmten Bezugspunkt ein, so daß es sich hierbei nicht um die Meditation auf das ‚Basis-Klare Licht' handeln kann. Stattdessen kann man sich nur in der Weise an das ‚Basis-Klare Licht' gewöhnen, indem man durch die entsprechenden Meditationen praktische Erfahrungen damit sammeln kann, was unter ‚Gewahrsein frei von mentalen Fabrikationen' zu verstehen ist.

Die absolute Wirklichkeit, die als Dharmakaya oder als ‚Klarheit des Dharmata' bezeichnet wird, kennzeichnet nichts anderes als den gegenwärtigen eigenen Geisteszustand, der nicht einmal für einen Augenblick abgelenkt und zerstreut ist, ohne sich auf irgendetwas auszurichten, zu konzentrieren oder zu meditieren [*d.h. ohne jede dualistische Aufspaltung in ein ›Selbst‹, das meditiert, und ein bestimmtes Meditationsobjekt, auf das meditiert wird*]. Der Begriff ‚Klarheit des Dharmata' kennzeichnet die ‚Soheit' [*d.h. die eigene tatsächliche Natur*], die leer *von jeglicher ihr innewohnender wirklicher Substanz oder Essenz ist, aus der heraus sie zur Existenz gelangt wäre,* und die in dieser ‚Leerheit' klar und erkennend ist. In dieser Hinsicht kann unser Geist mit dem offenen Raum verglichen werden, der – obschon nicht konkret oder dinglich existierend – offen und unbegrenzt ist und in dem alles entstehen kann. Es gilt, sich bereits zu Lebzeiten unbedingt an einen Geisteszustand zu gewöhnen, der diese unbegriffliche Offenheit [*d.h. diese Achtsamkeit respektive dieses Gewahrsein, das nicht permanent durch das innere Geplapper unkontrollierbarer Gedanken gestört und in Aufruhr versetzt wird; sobald der eigene Geist achtsam ist, ohne sich auf irgendetwas zu konzentrieren, wird er dazu fähig, Einsichten von solch großer Tiefe und Bedeutung zu gewinnen, daß jene dem sprachlichen Ausdruck nicht mehr zugänglich sind*] herzustellen und aufrechtzuerhalten vermag, solange er will; dann und nur dann wird es einem auch gelingen, seinen Geist zu kontrollieren, wenn jener – seiner Anbindung an einen Körper und dessen Sensorien beraubt – orientierungslos durch den Zwischenzustand des Todes taumelt, so daß ihm das Durchwandern der verschiedenen Stadien des Zwischenzustandes zwischen dem Sterben und der nächsten Existenz – *d.i.* der sog. Bardo des Todes – erspart bleibt.

Wer – was immer auch geschieht [*selbst wenn ihn der Tod ereilen sollte*] – in nicht-begrifflichem Gewahrsein, das frei von jeglichen künstlichen Fabrikationen des Akzeptierens oder des Zurückweisens ist, verharrt, ist tatsächlich als Yogi bzw. als wahrhaft qualifizierter Praktizierender zu bezeichnen. Sowohl die Nyingma-Lehren des Dzogchen als auch die Mahamudra-Lehren der Kagyüpa ermöglichen es fortgeschrittenen Praktizierenden, beispielsweise die eigene Praxis eines der sechs Yogas von Naropa [*etwa des Illusionskörpers, des Traumyoga oder der Bardo-Praxis*] mit den eigenen Erfahrungen während der Meditation und während des Traums zu kombinieren und so das ‚Klare Licht des Tiefschlafs' zu erkennen und darin zu ruhen; dadurch realisieren sie, daß die unterschiedlichen Erfahrungen des Traumgeschehens ‚lediglich' Manifestationen des Dharmakaya sind, und erlangen die Befreiung. Wer stattdessen – während sein Körper und sein Geist noch beisammen sind und er deshalb die *Entscheidungs*freiheit darüber hat, *was er tun und lassen möchte* – seine Tage und Nächte damit verbringt, sich hartnäckig und in einer konfusen Weise an eine vermeintlich solide Wirklichkeit zu klammern, dessen Hoffnungen, während der *außerordentlich* intensiven Schmerzen zum Zeitpunkt des eigenen Todes dazu fähig zu sein, in Meditation zu verweilen, werden *gewißlich* enttäuscht werden.[21]

Bei den in den vorstehenden Absätzen präsentierten Belehrungen handelt es sich um sog. ‚Anweisungen über die wahre Natur des eigenen Geistes', die jedoch nur dadurch die erforderliche Tiefgründigkeit und Kraft gewinnen, sich durch Meditation im Bewußtseinsstrom des Praktizierenden voll zu entfalten, wenn sie dem Betreffenden von einem verwirklichten spirituellen Lehrer mündlich übermittelt und erläutert werden; fehlt diese ‚Übertragung', kann der Praktizierende günstigstenfalls zu entsprechenden intellektuellen Überzeugungen gelangen, die während des Sterbens und im Tod sicherlich nicht den Nutzen erfüllen werden, den geistigen Zustand des Sterbenden auf eine höhere Ebene zu heben [Anmerkung des Übersetzers].

Das Klare Licht des zweiten Bardo
[*des Erwachens aus der Bewußtlosigkeit*]

Falls Zweifel daran bestehen, ob *der Sterbende statt einer durchschnittlich dreieinhalb Tage währenden Bewußtlosigkeit* das erste Klare Licht identifizieren konnte, *kann mit Sicherheit davon ausgegangen werden, daß ihm* zudem [*d. h. nach dem Erwachen aus dieser Bewußtlosigkeit*] dasjenige, was das zweite Klare Licht genannt wird, aufscheinen wird. Was die Dauer dieser *Erscheinung* betrifft, so tritt sie nach dem Versiegen der äußeren Atmung nach einer Zeitspanne, die etwas mehr als eine Mahlzeit in Anspruch nimmt

---

[21] *aus Chökyi Nyima Rinpoches ›The Bardo Guidebook‹,* RANGJUNG YESHE PUBLICATIONS *1991, S. 131-145; zusammengefaßt u. aus dem Englischen übertragen vom Übersetzer*

[*bzw. – wie es auf S. 38 heißt – nach dreieinhalb oder viereinhalb Tagen*] ein [*d.h. falls es zu einer Bewußtlosigkeit von welcher Dauer auch immer kommt, erwacht der Verstorbene aus dieser Bewußtlosigkeit wieder in das Klare Licht hinein*].

Wie lange auch immer es dem Geist gelang, unbewegt im Klaren Licht zu verharren, so wird es schließlich zu einem leichten Erzittern, zu einer winzigen Bewegung in ihm kommen, und der Geist des Verstorbenen wird sich aus dem Zustand des Klaren Lichts erheben. Zu dieser Zeit wird der äußerst subtile Wind und das äußerst subtile Bewußtsein aus dem nunmehr aufgebrochenen ‚zu *Lebzeiten* unzerstörbaren' Tropfen im Herzzentrum herausfließen und den Körper als regenbogenfarbiges Licht verlassen; die unreinen Bestandteile der äußerst subtilen Tropfen verlassen den Körper als kleiner sichtbarer Tropfen von Blut oder Schleim aus der Nase und/oder durch die Öffnung des Geschlechtsorgans. Gleichzeitig bildet sich der Geistkörper des Zwischenzustandswesens, indem die oben erläuterten acht Phasen der Auflösung des feinstofflichen Systems beim Sterben in umgekehrter Reihenfolge – wenn auch ungleich schneller und schemenhafter [*ebenso wie etwa beim Niesen, beim Einschlafen oder beim Fallen in eine Bewußtlosigkeit*] – vollzogen werden. Dieser auch Geruchsfresser genannte sehr subtile Geistkörper [*der sich von Gerüchen ernährt – Geruchsfresser können jedoch nur solche Gerüche zu sich nehmen, die ihnen in der Form von verbrannten Opferungen gewidmet worden sind*] ist mit übernatürlichen Kräften ausgestattet; so kann er beispielsweise durch Felsen und Wände gehen, in einem Augenblick zu jedem Ort im Universum eilen oder die Gedanken anderer Wesen lesen; er kann durch keine äußere Kraft der Welt in irgendeiner Weise verletzt oder getötet werden.[22]

Je nachdem, ob das Karma [*d.h. die Handlungen der vorangegangenen Existenz*] gut oder schlecht ist, tritt der *feinstoffliche* Wind entweder in den rechten oder in den linken *Seiten*kanal ein und verläßt *den Körper* durch eine der *neun* Körperöffnungen; dadurch entsteht Klarheit im Bewußtsein.

---

[22] sinngemäß zusammengefaßt nach Lati Rinpoches ›Death, Intermediate State and Rebirth in Tibetan Buddhism‹, SNOW LION 1980, S. 50 – 57 vom Übersetzer

Das Bewußtsein des Verstorbenen wird nach Ablauf von durchschnittlich dreieinhalb Tagen – vom karmischen Wind fortgeblasen – seinen ehemaligen Körper durch eine der neun Öffnungen verlassen und die feinstoffliche Form eines Zwischenzustandswesens annehmen: Sollte der Verstorbene in seiner nächsten Existenz im Höllenbereich wiedergeboren werden, wird das Bewußtsein den alten Körper durch den Anus verlassen. Entweicht das Bewußtsein durch Mund [*Preta*], Harnröhre [*Tier*], Augen [*Mensch*], Nabel [*Gott des Begierdebereichs*], Nase [*eine spezielle Götterexistenz, die sog. Yakshas – Wesen, die dem Gefolge Vaishravanas angehören*], Ohr [*Begierdegötter-Existenz magischer Vervollkommnung*], der Stelle zwischen den Augenbrauen [*formhafte Götterexistenzen*] oder der Krone des Kopfes [*formlose Götterexistenzen; in diesem Fall kommt es nicht zur Bildung eines Zwischenzustandswesens, weil sich der formlose Zustand aus dem Klaren Licht des Todes heraus aktualisiert*], so werden dadurch Wiedergeburten in den entsprechenden Bereichen eingeleitet [*ebenda*].

Dazu *folgendes*: Es heißt *zwar*, dieser Prozeß nehme etwa soviel Zeit in Anspruch wie das Verzehren einer Mahlzeit, *die Dauer jenes Prozesses* ist *jedoch* von der Verfassung der *feinstofflichen* Kanäle *des Verstorbenen* sowie davon, ob er das Ruhen im meditativen Gleichgewicht geübt hat oder nicht, abhängig.

Personen, die zeitlebens niemals meditiert haben, erwachen bereits einen Moment später aus dieser Bewußtlosigkeit, während sich diese Bewußtlosigkeit für Praktizierende über mehrere Stunden und Tage erstrecken kann. Das Bewußtsein verläßt nur dann nicht mit dem letzten Ausatmen den Körper, sondern verbleibt noch eine Zeitlang in ihm, wenn die betreffende Person ein geübter Dharmapraktizierender war. Die Äußerung des ›Tibetischen Totenbuches‹, daß das Bewußtsein erst dreieinhalb Tage, nachdem es in Bewußtlosigkeit gefallen ist, den Körper verläßt, trifft also ausdrücklich nur auf Praktizierende des Dharma zu, die in ausreichendem Maße praktiziert haben.[23]

---

[23] *ein mündlicher Kommentar von Tenga Rinpoche zur Dauer der Bewußtlosigkeit nach dem Versiegen der inneren Atmung.*

Der Verstorbene ist sich *zu diesem Zeitpunkt* [*nach dem Erwachen aus der durchschnittlich dreieinhalb Tage währenden Bewußtlosigkeit*] nicht im Klaren darüber, ob er gestorben ist oder nicht; er wird seine Verwandten versammelt sehen ebenso wie zuvor [*d.h. vor seiner Bewußtlosigkeit*], und er wird sogar *ihre* Klagen hören; solange *ihm* die furchtbaren Erscheinungen der Illusionen des Karma noch nicht erschienen sind und auch das Grauen vor dem Herrn des Todes (skrt: Yama; tib: gshin.rje) sich noch nicht eingestellt hat, soll man mit seinen mündlichen Unterweisungen fortfahren. Je nachdem, ob *der Verstorbene zu Lebzeiten* mit der aufbauenden Phase der Meditation (tib: bskyed.rim) [*das sind hauptsächlich die mit Visualisierungen einhergehenden Meditationen*] oder mit der Vollendungs- bzw. *Verschmelzungsphase* der Meditation (tib: dzogs.rim) [*das sind spezielle Techniken der Auflösung in der Meditation wie beispielsweise die Praxis der inneren Hitze*] befaßt war, rufe man – falls *der Verstorbene zu Lebzeiten* die Vollendungsphase der Meditation praktizierte – seinen Namen drei Mal aus und rezitiere immer wieder die oben *dargestellte* Anweisung zum Klaren Licht [*siehe S. 43f*]; falls er *zu Lebzeiten* die aufbauende Phase der Meditation praktizierte, soll man ihm die äußere und innere Sadhana seiner Praxis – um welchen Yidam auch immer es sich dabei handelt – vorlesen, indem man ihm die Worte in Erinnerung ruft:

„Oh Edler … , meditiere auf Deinen Yidam und lasse Dich dabei nicht ablenken! Du solltest den ernstlichen Wunsch entwickeln, Dich auf Deinen Yidam zu konzentrieren. Meditiere auf Deinen Yidam, der – wie die Reflektion des Mondes auf dem Wasser – Erscheinung ohne substantielle Existenz ist. Meditiere auf Deinen Yidam, der keine Wirklichkeit in sich selbst besitzt."

Und falls *der Verstorbene* ein gewöhnlicher [*d.h. nicht in der Meditation auf einen Yidam geübter*] Mensch gewesen ist, gib ihm die Anweisung:

„Du solltest jetzt auf den Yidam Chenrezig [sprich: Tschenresie] meditieren!"

Indem sie solcherart angeleitet werden, wird sich für diejenigen, für die sich der Bardo noch nicht erschöpft hat, *der Bardo* zweifelsohne auch erschöpfen. Jene *Individuen* aber, die zu Lebzeiten Anweisungen *zur Yidampraxis* von einem Lama erhalten haben, sich aber nur wenig mit *dieser* Meditation vertraut gemacht haben, werden von sich aus keine Klarheit über den Bardo gewinnen; ein Lama oder ein Dharmabruder *bzw. eine Dharmaschwester* muß *sie* daran erinnern. Auch wenn *der Verstorbene zwar* mit der *Yidam*-Meditation vertraut war, jedoch aufgrund *vorangegangener* schwerer Krankheit im Tod *irgendwelchen* Täuschungen erliegt, so daß es ihm unmöglich ist, sich *an seine Yidampraxis* zu erinnern, ist es außerordentlich wichtig, *ihm* jene Anleitungen zu präsentieren. Auch wenn *der Verstorbene* mit der *Yidam*-Meditation zuvor [*d.h. zu Lebzeiten*] vertraut war, aber seine Praxisgelübde gebrochen hat oder seine Wurzelgelübde [*d.s. die richtige Sichtweise, Zuflucht zu den Drei Juwelen, Erzeugen des Erleuchtungsgeistes und die Aufrechterhaltung des Segens des Mandala*] verletzt hat, besteht die Möglichkeit, in niedere Daseinsbereiche [*d.h. in Existenzen als Höllenwesen, Hungergeist oder Tier*] zu geraten; deshalb sind *für jene Individuen* diese Anleitungen unerläßlich.

Am besten ist es, wenn *der Verstorbene* das erste Bardo *des Sterbens* nutzbar machen kann; gelingt ihm dies nicht, wird er im zweiten Bardo *des Erwachens aus der Bewußtlosigkeit* klare Anleitungen erhalten, wodurch die Möglichkeit geboten wird, daß er dadurch die Befreiung erlangen kann. Darüberhinaus *verfügen die Verstorbenen* im zweiten Bardo *des Erwachens aus der Bewußtlosigkeit* über einen unreinen Illusionskörper [*alle anderen Übersetzungen sprechen irrtümlich vom ‚reinen' Illusionskörper; im Text heißt es jedoch eindeutig ‚unrein' (tib: ma.dag.pa); der reine Illusionskörper wird im entsprechenden der sechs Yogas von Naropa verwirklicht; zum reinen Illusionskörper siehe S. 128*]. Sein Nicht-Wissen, ob er tot ist oder nicht, weicht plötzlich einem Zustand geistiger Klarheit; wenn *ihm* zu jenem Zeitpunkt *erfolgreich* Unterweisungen übermittelt werden, steht er nicht *länger* unter der Herrschaft des Karma, wenn das ‚Mutter-Klare Licht' [*lit: Mutter-wahres Wesen*] und das ‚Sohn-Klare Licht' [*dito; das Klare Licht, das vom Yogi kraft seiner Meditation während des Wachzustandes bzw. während des Traumes erzeugt worden ist*] zusammentreffen. So wie beispielsweise das Sonnenlicht die Dunkelheit überwindet, wird durch das Klare Licht des Pfades *der Bardo-Anweisungen* die Macht des Karma überwunden und die Befreiung erlangt.

Anschließend [*d.h. wenn dem Verstorbenen dies nicht gelungen ist*] dämmert dem Geistkörper dasjenige auf, was man den zweiten Bardo *des Erwachens aus der Bewußtlosigkeit* nennt, während *sein* Bewußtsein wie zuvor in Hörweite *um seine Leiche* kreist; mündliche Unterweisungen, die zu diesem Zeitpunkt *in unmittelbarer Nähe der Leiche bzw. am bevorzugten Aufenthaltsort des Verstorbenen* gegeben werden, erbringen den *angestrebten* Nutzen *tatsächlich*, und weil die illusionären Projektionen des Karma nun noch nicht in Erscheinung getreten sind, ist *der* Geistkörper fähig, beliebige Veränderungen durchzumachen. Selbst wer auf jene Weise das Klare Licht des Sterbens nicht erkannt hat, das Klare Licht des zweiten Bardo *des Erwachens aus der Bewußtlosigkeit* jedoch erkennt, erlangt *also* die Befreiung.

Der Bardo des Todes

Wenn aber auch dann die Befreiung nicht erlangt wird, dämmert *dem Verstorbenen* das auf, was auch der dritte Bardo *des Todes* genannt wird. Wenn der Bardo des wahren Wesens (skrt: Dharmata; tib: chos.nyid) aufscheint, kommt es zu den trügerischen karmischen Projektionen des dritten Bardo. Es ist von großer Bedeutung, zu dieser Zeit *für den Verstorbenen* die ›Große Anweisung zum Bardo des Todes‹, die sehr große Kraft besitzt und sehr großen Nutzen bewirkt, zu rezitieren. Obwohl *der Verstorbene* unterdessen sieht, wie *seine* Verwandten zu dieser Zeit weinen und Wehklagen ausstoßen, *seine* Nahrungsration gesondert *servieren* [*tibetisches Brauchtum*], ihm seine Kleidung nehmen, seinen Schlafplatz forträumen usw., können sie ihn nicht sehen; wenn sie ihn rufen, kann er sie hören, aber wenn er sie ruft, hören sie ihn nicht; schließlich zieht er unglücklich von dannen.

Indem *der Verstorbene* zu dieser Zeit drei Arten von Erscheinungen, *nämlich* Geräusche, Lichter und Lichtstrahlen wahrnimmt, wird er von Angst, Schrecken und Entsetzen gelähmt; zu dieser Zeit soll man die ›Große Anweisung zum Bardo des Todes‹ rezitieren. Man rufe den Verstorbenen mit Namen und erkläre *ihm* mit klarer Stimme und deutlichen Worten:

„Oh Edler ..., höre aufmerksam zu, ohne Zerstreuung aufkommen zu lassen! Es gibt sechs Arten von Bardo: 1) Den Bardo des Lebens, 2) den Bardo des Traumes, 3) den Bardo der meditativen Versenkung, 4) den Bardo des Sterbens, 5) den Bardo des Todes und 6) den Bardo der Wiederverkörperung in der bedingten Existenz. Edler ..., Du durchschreitest gerade drei Bardos, nämlich den Bardo des Sterbens, den Bardo des Todes und den Bardo der Wiederverkörperung in der bedingten Existenz. Obwohl Dir bis gestern das Klare Licht des Dharmata im Bardo des Sterbens aufgeschienen ist, konntest Du es nicht aufrechterhalten; deshalb mußt Du hier umherirren. Jetzt wird sowohl der Bardo des Todes als auch der Bardo der Wiederverkörperung in der bedingten Existenz für Dich entstehen. Konzentriere Dich aufmerksam und unzerstreut auf die Anweisungen, die ich Dir jetzt präsentiere! Edler …, nun ist Dir das widerfahren, was man den Tod nennt; Du mußt diese Welt nun verlassen! Du bist nicht der einzige, dem dies widerfährt – der Tod kommt zu allen fühlenden Wesen. Du solltest weder Anhaftung an noch Begehren nach diesem Leben haben; auch wenn Du Anhaftung an und Begehren nach diesem Leben verspürst, hast Du nicht die Kraft zu bleiben. Es bleibt Dir nichts anderes übrig, als im Kreislauf *der bedingten Existenz* weiterzuwandern; deshalb hafte nicht an diesem Leben und verspüre kein Begehren nach diesem Leben! Rufe Dir die Drei Juwelen in Erinnerung! Edler …, was auch immer an erschreckenden, Panik auslösenden Projektionen im Bardo des Todes aufscheinen mag, vergiß diese Worte nicht und erinnere Dich an ihre Bedeutung. Gehe nun, jener Kernaussage der Anweisungen eingedenk:

‚Wehe! Nun, da der Bardo des Todes zu mir gekommen ist und ich allen panischen, furchtsamen und erschrocken Gedanken entsagt habe, sollte ich erkennen, daß jedwede Erscheinung meine eigene Projektion ist, und wissen, daß es sich bei jenen um die Visionen des Bardo handelt. Zu dieser Zeit des Gipfels der Beendigung meines Lebens, der von großer Bedeutung ist, möge ich die friedlichen und zornvollen Gottheiten des Bardo, die nur Projektionen meines eigenen Geistes sind, nicht fürchten.'

Indem Du diese Worte klar und deutlich wiederholst, vergegenwärtige Dir ihre Bedeutung in Deinem Geist! Und nun geh! Welche furchtbaren, erschreckenden Erscheinungen Dir erscheinen – sie sind mit Sicherheit Projektionen Deines eigenen Geistes! Weil dies die Kernaussage der Anweisungen für den Bardo des Todes ist, solltest Du sie nicht vergessen!

Edler …, wenn Dein Körper und Dein Geist sich voneinander trennen, entsteht die deutliche Erscheinung des wahren Wesens subtil, rein und klar, von Natur aus leuchtend und glänzend, in ihrer gleißenden und blendenden Helligkeit erschrekkend, so wie eine Luftspiegelung über einer Ebene im Sommer wie ein Steppenbrand aussieht. Lasse Dich davon nicht in Schrecken versetzen! Gerate nicht in Panik! Sei ohne Angst! Weil dies die natürliche Ausstrahlung Deines eigenen wahren Wesens ist, erkenne sie!

Aus diesem Licht tönt der reine Eigenlaut des wahren Wesens als lautes Getöse, als ob tausend Donner zur gleichen Zeit grollend erklingen. Weil es sich hierbei um den natürlichen Klang Deines eigenen wahren Wesens handelt, gerate dadurch nicht in Furcht! Gerate nicht in Panik! Sei ohne Angst! Weil Du keinen physischen Körper aus Fleisch und Blut mehr hast, bist Du nun im Besitz eines durch Gewohnheitstendenzen zustandegekommenen Geistkörpers, der keinen Schaden durch welche Geräusche, Lichter und Strahlen auch immer mehr erleiden kann, denn Du kannst nicht mehr sterben. Es genügt, wenn Du sie als Projektionen Deines eigenen Geistes erkennst. Verstehe, daß dies der Zwischenzustand ist.

Oh Edler ..., wenn Du sie jetzt nicht als Deine eigenen Projektionen erkennen solltest und diesen Anweisungen jetzt nicht begegnest, wirst Du – welche Meditationen Du auch immer in der Welt der Menschen ausgeübt haben solltest – durch das Licht in Angst und Schrecken geraten, die Geräusche werden Dich in Furcht versetzen, und Du wirst durch die Lichtstrahlen in Panik geraten. Wenn Du diese Anweisungen nicht erfaßt und die Geräusche, Lichter und Strahlen nicht als Projektionen Deines eigenen *Geistes* erkennst, wirst Du weiter in *der bedingten Existenz von* Samsara umherirren müssen."

Das Heraufdämmern der friedlichen Gottheiten des Bardo

Die folgenden Manifestationen werden zwar *jeweils* als von der Dauer eines Tages beschrieben; in Abhängigkeit von der bereits realisierten Stabilität bzw. von der Ermangelung an Stabilität *der Meditationspraxis zu Lebzeiten* können diese Manifestationen mehrere Tage andauern oder nur sehr kurz und schemenhaft aufflackern und schnell wieder von konfusen dualistischen Geisteszuständen verdeckt werden, woraufhin dann unmittelbar der Bardo der Wiedergeburt einsetzt. Die Bezeichnung ‚Tag' meint also nicht das Verstreichen eines vierundzwanzigstündigen Erdentages. Für die Individuen, die sich zu Lebzeiten konsequent in Meditation geübt haben und das Klare Licht des Todes am Ende des Bardo des Sterbens mindestens so lange aufrechterhalten können, wie das Verzehren einer Mahlzeit erfordert, bezeichnet die Zeitspanne eines ‚Tages' die Dauer, für die sie in der wahren Natur des eigenen Geistes zu verharren vermögen. Wer Vertrauen in den Umstand, daß es ihm offensteht, die Befreiung von sämtlichen beeinträchtigenden gedanklichen Aktivitäten zu erlangen, besitzt, kann so lange in diesem Zustand ruhen, wie er wünscht; diesfalls verbleibt das Bewußtsein bzw. der Geist innerhalb des Körpers, ohne daß jener der Desintegration anheimfällt [*der Körper des Sterbenden verliert seine Wärme nicht, und sein Gesicht bleibt schön*], bis das Bewußtsein des fortgeschrittenen Praktizierenden mit dem ‚Basis-Klaren Licht' verschmilzt und ein kleiner Tropfen rötlich-weißer Flüssigkeit entweder aus dem linken Nasenloch oder *aus einem Loch* auf der Krone des Kopfes herausperlt – diese ‚Bodhicitta-Essenz' ist ein untrügliches Anzeichen dafür, daß der Praktizierende die Befreiung realisiert hat. Für die meisten Individuen jedoch nehmen die beiden Zwischenzustände des Sterbens und des Todes nicht mehr als einige Augenblicke in Anspruch; bei ihnen tritt die sog. ‚essentielle Flüssigkeit' im gleichen Augenblick aus einer der neun Körperöffnungen aus, zu dem der weiße und der rote Tropfen sich auf Höhe des Herzens treffen und miteinander verschmelzen. Zu dieser Zeit werden sie von Furcht und Schrecken überwältigt und verlieren das Bewußtsein, ohne das ‚Basis-Klare Licht' wahrzunehmen, das gleichzeitig aufscheint. Um optimale Voraussetzungen für Sterben und Tod zu schaffen, sollte der Körper des

Sterbenden [*sei er noch ein Anfänger oder zumindestens noch nicht sehr fortgeschritten in seiner Meditation*] – solange sein Bewußtsein noch an seinen Körper gebunden ist [*das sind meistens dreieinhalb Tage*] – jedenfalls völlig in Ruhe gelassen werden; selbst laute Geräusche oder das Abbrennen von Räucherwerk sollten vermieden werden.[24]

Der erste Tag

„Oh Edler ..., nun, da Du, der für dreieinhalb Tage bewußtlos war, aus der Bewußtlosigkeit erwacht bist, wirst Du denken: ‚Was ist geschehen?' Deshalb solltest Du dies als den Zwischenzustand erkennen! Zu dieser Zeit, wo Du Dich von der bedingten Existenz von Samsara abgekehrt hast, scheinen alle Erscheinungen als Licht und als Körper *von Gottheiten* auf. Der ganze Raum erstrahlt in himmelblauer Farbe. Zu dieser Zeit zeigt sich Dir aus dem zentralen Reinen Land namens Akanishta (tib: thig.le.'od.kyi.zhing) der Siegreiche [*d.h. der Buddha*] Vairocana von weißer Körperfarbe auf einem Löwenthron sitzend. In seiner *rechten* Hand hält er ein achtspeichriges Dharmarad, *in seiner linken eine Glocke, deren Griff mit einem achtspeichrigen Griff geschmückt ist.* und er umarmt *seine rote* Gefährtin Akasadhatesvari (skrt; tib: nam.mkha'i.dbyings.phyug.ma) von Angesicht zu Angesicht. Das himmelblaue Licht des gereinigten Skandhas des Bewußtseins, die Weisheit des Dharmadhatu, himmelblau von Farbe, glänzend in seiner Klarheit, von erschreckendem Glanz, bricht aus dem Herzen der Gottheit Vairocana in Vereinigung vor Dir heraus auf Deine Augen, die *diesen* schmerzhaften *Anblick* kaum ertragen können; gleichzeitig fällt das weiße Licht *aus dem Bereich* der Götter *auf Dich*; es ist nicht von schmerzlicher *Intensität* und ruft auch keine Schrecken in Dir hervor. Zu dieser Zeit wird – *bei entsprechend* schlechtem Karma – die Weisheit des Dharmadhatu, die von einem *so* gleißend hellen

---

[24] *aus Chökyi Nyima Rinpoches ›The Bardo Guidebook‹,* RANGJUNG YESHE PUBLICATIONS *1991, S. 120ff; zusammengefaßt und aus dem Englischen übertragen vom Übersetzer.*

himmelblauen Licht ist, Furcht und Schrecken in Dir hervorrufen; Du wirst *vor ihm* flüchten wollen und Dich zu dem trüben weißen Licht *aus den* Götterwelten hingezogen fühlen. Zu dieser Zeit solltest Du vor dem außerordentlich strahlenden und leuchtenden himmelblauen Licht, gleißend und glänzend, keinen Schrecken empfinden, weil es die Lichtstrahlen des Tathagata (tib: de.bzhin.gshegs.pa), genannt ‚Weisheit des Dharmadhatu' sind. Erzeuge ihm gegenüber Vertrauen und Hingabe! Mit dem hingebungsvollen Gedanken: ‚Dies ist das Licht des Mitgefühls des Buddha Vairocana; ich nehme Zuflucht zu ihm!' solltest Du ihn darum bitten, Dich zu beschützen. Es ist der Buddha Vairocana in Vereinigung *mit seiner Gefährtin*, der kommt, um Dich über den gefahrvollen Pfad des Bardo zu geleiten. Es ist das Licht des Mitgefühls von Vairocana! Zu jenem trüben weißen Licht *aus dem Bereich* der Götter *dagegen* solltest Du keine Zuneigung empfinden, solltest es nicht begehren und keine Anhaftung daran entwickeln! Wenn Du – weil Du *zu Lebzeiten* die Gewohnheitstendenz des Ansammelns schwerwiegender Ignoranz praktiziert hast – *dennoch* Anhaftung *an jenes Licht* entwickeln solltest, wirst Du *dadurch* in den Bereich der Götter gezogen, und – indem Du so in die sechs Bereiche *der bedingten Existenz* [*d.s. die Existenzen als Höllenwesen, Hungergeist oder Tier, als Mensch, Halbgott oder Gott*] gerätst – ist dies ein Hindernis, das den Pfad zur Befreiung verwehrt. Du solltest Deinen Blick nicht darauf richten, sondern zu jenem himmelblau strahlend glänzenden Licht solltest Du Dich wünschen. Indem Du Dein ganzes Streben auf Buddha Vairocana ausrichtest, solltest Du mir folgendes Wunschgebet nachsprechen:

‚Wehe; nun, da ich in großer geistiger Dunkelheit in der bedingten Existenz von Samsara umherirre, bitte ich Dich, Buddha Vairocana, *mich* auf dem leuchtenden Pfad des Lichtes – der Weisheit des Dharmadhatu – zu geleiten; die höchste Gefährtin Akasadhatesvari in meinem Rücken sei mein Schutz! Ich flehe Euch an, bitte geleitet mich durch die Schrecken des Bardo und führt mich zur perfekten Vervollkommnung der Buddhaschaft!'

Indem Du dieses Wunschgebet mit aufrichtiger Hingabe und Respekt sprichst, wirst Du Dich im Herzen Vairocanas in Regenbogenlicht auflösen und im zentralen Reinen Land *namens* ‚Akanishta' (tib: stug.po.bkod.pa) als Samboghakaya-Verkörperung des Buddha *wiedergeboren werden.*"

Der zweite Tag

Falls *der Verstorbene* trotz *dieser* Anleitung – durch *geistige* Verschleierungen und durch Zorn bedingt – vor dem Licht und den Strahlen zu flüchten versucht, wenn das Wunschgebet *rezitiert wird*, und von Illusionen *vereinnahmt wird*, werden am zweiten Tag Dorje Sempa mit seinem Gefolge zugleich mit dem schlechten Karma, das Höllen*geburten verursacht*, erscheinen; deshalb soll man zu dieser Zeit den Verstorbenen mit den folgenden Worten bei seinem Namen rufen und ihm die *folgenden* Anweisungen geben:

„Oh Edler ..., höre unzerstreut zu! An *diesem* zweiten Tag erstrahlt weißes Licht als der reine Aspekt des Wasserelements; zu dieser Zeit erscheint aus dem östlichen Reinen Land ‚Abhirati' (tib: mngon.par.dga'.ba) der Buddha Vajrasattva Akshobya (skrt; tib: Dorje Sempa Michöpa), der von bläulicher Körperfarbe ist und in der *rechten* Hand einen fünfspeichrigen Dorje *sowie in der linken Hand eine Glocke, deren Griff mit einem fünfspeichrigen Dorje geschmückt ist*, hält. Er sitzt auf einem Elefantenthron und hält die *hellblaue* Gefährtin Locana [*die die gleichen Attribute in ihren Händen hält wie der männliche Aspekt*] von Angesicht zu Angesicht umfangen; *beide* sind von den Bodhisattvas Ksitigarbha und Maitreya sowie von den weiblichen Bodhisattvas Lasya und Puspa umgeben, so daß aus dem Zentrum des Regenbogenlichts sechs Verkörperungen der Buddhas *vor Dir* erscheinen. Das weiße Licht – der reine Aspekt des Skandhas der Form, die spiegelgleiche Weisheit von strahlendem Weiß – strahlt klar und leuchtend aus dem Herzen Dorje Sempas in

Vereinigung vor Dir auf Deine Augen, die *diesen* schmerzhaften *Anblick* kaum ertragen können; gleichzeitig fällt neben dem schmerzerweckenden Weisheitslicht vor Dir das trübe Licht des Höllen*bereiches auf Dich*; es ist nicht von schmerzlicher *Intensität* und ruft auch keine Schrecken in Dir hervor. Zu jener Zeit wirst Du unter dem Einfluß von Wut vor dem leuchtend klaren weißen Licht Furcht empfinden; von Panik vereinnahmt wirst Du *vor ihm* flüchten und Dich zu dem trüben Licht aus den Höllen hingezogen fühlen. Du solltest zu dieser Zeit jenes weisse, strahlende, leuchtende und gleißende Licht nicht fürchten, sondern es als *Licht der* Weisheit erkennen, dem Du Vertrauen und Hingabe entgegenbringst! Voller Überzeugung solltest Du denken:

‚Dies sind die Lichtstrahlen des Mitgefühls von Buddha Dorje Sempa; zu ihm nehme ich Zuflucht!'

Daraufhin solltest Du ein Wunschgebet sprechen, daß der Buddha Dorje Sempa gekommen ist, um Dich über den gefahrvollen Pfad des Bardo zu geleiten. Es ist das Mitgefühl Dorje Sempas, welches *Dich* als Haken aus Lichtstrahlen *hinüberzieht*. Fühle Dich nicht zum trüben Licht aus den Höllen hingezogen, da jenes den Pfad des Zusammentreffens mit den Verschleierungen, die Du durch heftigen Zorn angesammelt hast, darstellen; wenn Du ihm gegenüber Anhaftung verspürst, wirst Du in die Höllen hinabgezogen werden, wo Du unerträglichen Qualen ausgesetzt sein wirst, die als Hindernis wirken, das den Pfad zur Befreiung versperrt, so daß die Befreiung nicht erlangt wird; deshalb solltest Du, indem Du Deinen Haß aufgibst, nicht darauf schauen. Entwickle weder Anhaftung *an es* noch Begehren *nach ihm*, sondern wünsche, zu jenem strahlenden, gleißenden weißen Licht zu gelangen, und indem Du Dich mit großer Hingabe auf Buddha Dorje Sempa ausrichtest, sprich dieses Wunschgebet:

‚Wehe, nun, da ich aufgrund starken Hasses *weiter* durch die bedingte Existenz von Samsara wandern muß, möge Buddha Dorje Sempa mich auf den Pfad des strahlenden Lichts der spiegelgleichen Weisheit führen, und möge seine Gefährtin Locana in meinem Rücken mich beschützen. Ich flehe Euch an, *helft mir* dabei, den schmalen Pfad des furchterregenden Bardo zu überqueren, und führt mich zur perfekten Vervollkommnung der Buddhaschaft!'

Indem Du dieses Wunschgebet mit aufrichtiger Hingabe und Respekt sprichst, wirst Du Dich im Herzen des Buddha Dorje Sempa in Regenbogenlicht auflösen und im östlichen Reinen Land namens ‚Abhirati' als Samboghakaya-Verkörperung des Buddha *wiedergeboren werden.*"

Der dritte Tag

Doch selbst nachdem sie auf jene Weise angeleitet worden sind, flüchten einige Individuen aufgrund mächtiger Verschleierungen und starken Stolzes aus Furcht vor dem Licht des Mitgefühls, *das wie ein Eisenhaken ist*, so daß am dritten Tag die Gottheiten des Buddha Ratnasambhava (tib: rin.chen.'byung.ldan) sowie ein Lichtstrom *aus der Welt* der Menschen erscheinen, um *den Verstorbenen* zu empfangen. Indem man den Verstorbenen beim Namen ruft, spricht man *die folgende* Anweisung:

„Oh Edler .... , höre ohne jede Zerstreung zu! Am dritten Tag erscheint der vollkommen gereinigte Aspekt des Elementes Erde als gelbes Licht. Zu dieser Zeit entsteht im gelben Reinen Land Srimat (tib: dpal.dang.ldan.pa'i.zhing.khams) im Süden Buddha Ratnasambhava von gelber Körperfarbe, den wunscherfüllenden Edelstein in der *rechten* Hand *und in der linken Hand eine Glocke, die mit einem wunscherfüllenden Juwel geschmückt ist,* auf einem Pferdethron sitzend von Angesicht zu Angesicht *mit* der *hellgelben* Gefährtin Mamaki [*die die gleichen Attribute in ihren Händen hält wie Buddha Ratnasambhava*], umgeben von den beiden *männlichen* Bodhisattvas Akasagarbha und Samantabhadra und den beiden *weiblichen* Bodhisattvas Mahlaima und

Dhupema, so daß aus dem Zentrum des Regenbogenlichts sechs Buddha-Körper erscheinen. Aus der reinen Ausdehnung des Skandha der Gefühle fällt das gelbe Licht der Weisheit der Gleichheit *strahlend* gelb, mit sprühenden Funken und Fünkchen geschmückt, nahezu unerträglich leuchtend und klar, aus dem Herzen von *Buddha* Ratnasambhava in Vereinigung vor Dir in Dein Herz, so daß Deine Augen diesen Anblick kaum ertragen können. Gleichzeitig fällt *aus der Welt der* Menschen ein trübes blaues Licht auf Dein schmerzendes Herz, das bereits vom Weisheitslicht durchbohrt wird. Zu dieser Zeit entwickelst Du – durch die Macht des Stolzes *provoziert* – Furcht und Panik vor dem gelben Licht, und Du möchtest ihm aus Angst entfliehen; vom trüben blauen Licht aus den Menschenwelten jedoch fühlst Du Dich angezogen, und möchtest – von Begierde überwältigt – dort hingehen. Du solltest jedoch Deiner Furcht vor dem leuchtenden und gleißenden Licht nicht nachgeben, sondern es als *Licht der* Weisheit erkennen. Ruhe darin entspannt in der Natur unagitierter Bewußtheit voller Hingabe und Vertrauen. Indem Du *das gelbe Licht* als natürliche Ausstrahlung Deiner eigenen Bewußtheit erkennst, werden – selbst wenn Du keine Hingabe entwickelst und keine Wunschgebete rezitierst – alle Körper, Lichter und Strahlen untrennbar in Dich schmelzen, und Du wirst die Buddhaschaft erlangen; wenn Du es nicht als natürliche Ausstrahlung Deiner eigenen Bewußtheit zu erkennen vermagst, solltest Du voller Vertrauen und Hingabe ein Wunschgebet sprechen, indem Du denkst: ‚Es sind die Lichtstrahlen des Mitgefühls von Buddha Ratnasambhava; ich nehme Zuflucht zu ihm!' Jenes *Licht* des Buddha Ratnasambhava kommt zu Dir, um Dich über den schreckenerregenden Pfad des Bardo zu geleiten; *es* ist der eiserne Haken der Lichtstrahlen des Mitgefühls von Buddha Ratnasambhava, dem Du Vertrauen und Hingabe entgegenbringen solltest. Zum trüben blauen Licht *aus der Welt* der Menschen *dagegen* solltest Du Dich nicht hingezogen fühlen; bei ihm handelt es sich *lediglich* um den Ausdruck der Gewohnheitstendenzen, die durch die Ansammlung unmäßigen Stolzes zustandegekommen sind. Wenn Du ihm gegenüber von Anhaftung vereinnahmt wirst, wirst Du in den Bereich der Menschen gezogen, wo die Leiden von Geburt, Alter, Krankheit und Tod erfahren werden, ohne die Möglichkeit zu haben, aus dem Sumpf der bedingten Existenz von Samsara herauszufinden; weil es ein Hindernis ist, das den Pfad zur Befreiung versperrt, solltest Du – indem Du Deinem Stolz entsagst – jenes nicht betrachten. Entsage *den entsprechenden* Gewohnheitstendenzen! Entwickele keine Begierde *in Bezug auf jene*! Zeige keine Anhaftung *an sie*! Entwickele *vielmehr* Hingabe gegenüber jenem strahlenden gelben Licht, und sprich dieses Wunschgebet, indem Du Dich ‚einspitzig' [*d.h. außerordentlich konzentriert, ohne jede Ablenkung*] auf Buddha Ratnasambhava vor Dir ausrichtest:

‚Wehe, der ich aufgrund unmäßigen Stolzes ziellos in der bedingten Existenz von Samsara umherwandere, führe mich auf den Pfad des Klaren Lichts der Weisheit der Gleichheit, *Buddha* Ratnasambhava, und beschütze mich *dabei* im Rücken, höchste Gefährtin Mamaki! Ich bitte Euch, geleitet mich über den furchterregenden Pfad des Bardo und führt mich zur perfekten vollkommenen Buddhaschaft!'

Indem Du dieses Wunschgebet mit großer Hingabe und tiefem Vertrauen rezitierst, schmilzt Du in das Regenbogenlicht im Herzen von *Buddha* Ratnasambhava hinein und wirst dadurch zu einem Samboghakaya-Buddha im südlichen Reinen Land Srimat."

Derart angeleitet, erlangt man – unabhängig davon, wie *groß* die eigenen Fähigkeiten *auch immer* sein mögen – zweifelsohne die Befreiung. Manche Individuen können jedoch, obwohl sie wiederholt derart angeleitet worden sind, aufgrund von starken Verschleierungen sowie verletzten Gelübden oder weil sie vom *entsprechenden* glücklichen *Karma* getrennt sind, *diese* Einsicht immer noch nicht verwirklichen. Indem sie von Begierde und ihren geistigen Verschleierungen in einen agitierten Geisteszustand versetzt werden, geraten sie durch die Geräusche und Lichter in Angst und Schrecken und versuchen, *ihnen* zu entfliehn.

Der vierte Tag

Dann erscheint am vierten Tag Buddha Amitabha mit seinem Gefolge sowie gleichzeitig ein Lichtstrahl aus dem Bereich der Hungergeister, der durch Begierde und Geiz hervorgerufen wird. Man leitet ihn wiederum an, indem man den Verstorbenen bei seinem Namen ruft und folgende Worte spricht:

„Oh Edler ..., höre ohne jede Zerstreuung zu! Jetzt, am vierten Tag erscheint das rote Licht, der vollkommen gereinigte Aspekt des Elementes Feuer. Zur gleichen Zeit erscheint aus dem roten westlichen Reinen Land Padmakuta (tib: bde.ba.can) vor Dir der Buddha Amitabha, von roter Körperfarbe, eine Lotusblüte in der *rechten* Hand *und in der linken eine mit einem Lotus geschmückte Glocke* haltend und auf einem Pfauenthron sitzend. Er umarmt seine hellrote Gefährtin Pandaravasini [*die die gleichen Attribute in ihren Händen hält wie Buddha Amitabha*] von Angesicht zu Angesicht. Er ist von den beiden *männlichen* Bodhisattvas ‚Chenrezig‘ [*im Falle des Bodhisattva des Mitgefühls ‚Avalokitesvara‘ hat sich die tibetische Form durchgesetzt*] und Manjushri und von den beiden weiblichen Bodhisattvas Gita und Aloka umgeben; so strahlen aus dem Zentrum des Regenbogenlichts sechs Buddha-Körper in Dich hinein. Das rote Licht des gereinigten Aspektes des Skandha der Wahrnehmung – die Weisheit der Unterscheidung – gleißend rot, mit Funken und Fünkchen geschmückt, leuchtend und strahlend, gleißend und blendend, fällt aus dem Herzen von *Buddha* Amitabha in Vereinigung vor Dir *so hell* auf Dein Herz, daß Deine Augen seinen Anblick kaum ertragen können. Du solltest keine Furcht davor empfinden! Gleichzeitig mit dem Weisheitslicht fällt das trübe gelbe Licht *aus dem Bereich* der Hungergeister auf Dich. Du solltest Dich nicht zu ihm hingezogen fühlen! Gib *alle* Anhaftung und *alle* Gier danach auf! Wenn Du zu dieser Zeit durch die Kraft starker Begierde vor der natürlichen Ausstrahlung des strahlenden roten Lichtes Furcht entwickeln und *vor ihm* flüchten solltest, wirst Du Dich von jenem trüben gelben Licht *aus dem Bereich* der Hungergeister angezogen fühlen und Verlangen *nach ihm* entwickeln; falls *dies so ist,* solltest Du das strahlend leuchtende, gleißende und blendende rote Licht nicht fürchten, sondern es als *Licht der* Weisheit erkennen. Daraufhin ruhe entspannt, voller Hingabe und Vertrauen in der Natur unagitierten Gewahrseins. Indem Du *das rote Licht* als natürliche Ausstrahlung Deines eigenen Gewahrseins erkennst, werden – selbst wenn Du keine Hingabe entwickelst und keine Wunschgebete rezitierst – alle Körper, Lichter und Strahlen untrennbar in Dich schmelzen, und Du wirst die Buddhaschaft erlangen; wenn Du es nicht als natürliche Ausstrahlung Deiner eigenen Bewußtheit zu erkennen vermagst, solltest Du voller Vertrauen und Hingabe ein Wunschgebet sprechen, indem Du denkst: ‚Es sind die Lichtstrahlen des Mitgefühls von Buddha Amitabha; ich nehme Zuflucht zu ihm!' Jenes *Licht* des Buddha Amitabha kommt zu Dir, um Dich über den schreckenerregenden Pfad des Bardo zu geleiten; *es* ist der eiserne Haken der Lichtstrahlen des Mitgefühls von Buddha Amitabha, dem Du Vertrauen und Hingabe entgegenbringen solltest. Zum trüben gelben Licht *aus der Welt* der Hungergeister *dagegen* solltest Du Dich nicht hingezogen fühlen; bei ihm handelt es sich *lediglich* um den Ausdruck der Gewohnheitstendenzen, die durch die Ansammlung unmässiger Begierde zustandegekommen sind. Wenn Du ihm gegenüber von Anhaftung vereinnahmt wirst, wirst Du in den Bereich der Hungergeister gezogen, wo Du die Leiden von unerträglichem Hunger und Durst erfahren wirst; weil es ein Hindernis ist, das den Pfad zur Befreiung versperrt, solltest Du – indem Du Deiner Begierde entsagst – jenes nicht betrachten. Entsage *den entsprechenden Gewohnheitstendenzen!* Entwickele keine Begierde *in Bezug auf jene!* Entwickele *vielmehr* Hingabe gegenüber jenem strahlenden roten Licht, und sprich dieses Wunschgebet, indem Du Dich ‚einspitzig' auf Buddha Amitabha vor Dir ausrichtest:

‚Wehe, der ich aufgrund unmäßiger Begierde ziellos in *der bedingten Existenz von* Samsara umherwandere, führe mich auf den Pfad des Klaren Lichts der unterscheidenden Weisheit, *Buddha* Amitabha, und beschütze mich *dabei* im Rücken, höchste Gefährtin Pandaravasini! Ich bitte Euch, geleitet mich über den furchterregenden Pfad des Bardo und führt mich zur perfekten vollkommenen Buddhaschaft!'

Indem Du dieses Wunschgebet mit großer Hingabe und tiefem Vertrauen rezitierst, schmilzt Du in das Regenbogenlicht im Herzen von Buddha Amitabha hinein und wirst dadurch zu einem Samboghakaya-Buddha im westlichen Reinen Land Padmakuta."

Es ist unmöglich, daraufhin nicht die Befreiung zu erlangen. Manche fühlenden Wesen können jedoch, obwohl sie wiederholt derart angeleitet worden sind, aufgrund lange gepflegter Gewohnheitstendenzen diese Gewohnheitstendenzen nicht *mehr* aufgeben; aufgrund von Eifersucht, *der sie zu Lebzeiten zu häufig nachgegeben haben*, sowie aufgrund von schlechtem Karma geraten sie durch die Geräusche und Lichter in Angst und Schrecken und versuchen, *ihnen* zu entfliehen.

Der fünfte Tag

Vom Eisenhaken der Lichtstrahlen des Mitgefühls nicht erfaßt, wandern sie hinab in den fünften Tag des Bardo *des Todes*. Zu dieser Zeit erscheint *Buddha* Amoghasiddhi (tib: don.yod.grub.pa) mit seinem Gefolge, Lichtstrahlen des Mitgefühls *aussendend*, um *den Verstorbenen* zu empfangen, sowie gleichzeitig ein Lichtstrahl aus dem Bereich der Halbgötter (tib: lha.ma.yin; skrt: Asuras), der durch das störende Gefühl des Neides hervorgerufen wird. Man leitet ihn wiederum an, indem man den Verstorbenen bei seinem Namen ruft und folgende Worte spricht:

„Oh Edler ..., höre ohne jede Zerstreuung zu! Jetzt, am fünften Tag erscheint das grüne Licht, der vollkommen gereinigte Aspekt des Windelements. Zur gleichen Zeit erscheint aus dem grünen nördlichen Reinen Land Karmaprasiddhi (tib: rab.brtsegs. pa'i.zhing.khams) vor Dir der siegreiche Buddha Amoghasiddhi, von grüner Körperfarbe, einen Doppeldorje in der *rechten* Hand *und eine mit einem fünfspeichrigen Dorje geschmückte Glocke in der linken Hand* haltend und auf einem Kranichthron sitzend. Er umarmt seine *hellgrüne* Gefährtin Samayatara [*die die gleichen Attribute in ihren Händen hält wie Buddha Amoghasiddhi*] von Angesicht zu Angesicht. Er ist von den beiden *männlichen* Bodhisattvas Vajrapani und Dipana und von den beiden weiblichen Bodhisattvas Gandha und Naivedya umgeben; so strahlen aus dem Zentrum des Regenbogenlichts sechs Buddha-Körper in Dich hinein. Das grüne Licht des gereinigten Aspektes des Skandha der Mentalfaktoren – die allesvollendende Weisheit – gleißend grün, mit Funken und Fünkchen geschmückt, leuchtend und strahlend, gleißend und blendend, fällt aus dem Herzen von *Buddha* Amoghasiddhi in Vereinigung vor Dir *so hell* auf Dein Herz, daß Deine Augen *seinen* Anblick kaum ertragen können. Du solltest keine Furcht davor empfinden! Weil dies der natürliche Ausdruck Deines eigenen Gewahrseins ist, solltest Du in der großen Unagitiertheit des Gleichmuts, die frei von Anhaftung und Abneigung, von Nähe und Ferne ist, ruhen [*'Möge ich in großem Gleichmut verweilen, frei von Anhaftung an das, was man mag –* Nähe *– und Abneigung gegen das, was man nicht mag –* Ferne*'; heißt es dementsprechend im Widmungsgebet der vorbereitenden Übungen zu den Praktiken des Mahamudra*]. Gleichzeitig fällt das trübe rote Licht, das von Neid verursacht wird, *aus dem Bereich* der Halbgötter gemeinsam mit dem Weisheitslicht [*also auch räumlich nicht von jenem getrennt*] auf Dich. Du solltest dann den Gleichmut der Nicht-Verschiedenheit von Begehren und Abneigung meditieren. Selbst wenn Du *zu dieser Zeit nur* zu geringen intellektuellen Fähigkeiten in der Lage bist, solltest Du Dich nicht zu *jenem trüben roten Licht* hingezogen fühlen! Wenn Du zu dieser Zeit aufgrund starken Neides Angst vor jenem strahlenden, gleißenden grünen Licht verspürst und *vor ihm* flüchtest, wirst Du Dich zu jenem trüben roten Licht *aus dem Bereich* der Halbgötter hingezogen fühlen und Verlangen *nach ihm* entwickeln; falls *dies so ist*, solltest Du vor dem strahlend leuchtenden, gleißenden und blendenden grünen Licht keine Furcht empfinden, sondern es als *Licht der Weisheit* erkennen. Daraufhin ruhe entspannt in der Natur des unagitierten Gewahrseins. Voller Hingabe und Vertrauen solltest Du denken: ‚Es sind die Lichtstrahlen des Mitgefühls von Buddha Amoghasiddhi; zu ihm nehme ich Zuflucht!' Weil es das Licht des eisernen Hakens des Mitgefühls von Buddha Amoghasiddhi ist, das man die allesvollendende Weisheit nennt, strebe ihm entgegen und fliehe nicht vor ihm! Selbst wenn Du *vor ihm* fliehen solltest, würde es – untrennbar von Dir – mit Dir kommen. Deshalb solltest Du keine Furcht vor ihm haben! Fühle Dich nicht zu jenem trüben roten Licht aus dem Bereich der Halbgötter hingezogen! Es ist der einladende Pfad des Karma, den Du durch starken Neid angesammelt hast; wenn Du Verlangen *nach ihm verspürst*, wirst Du in den Bereich der Halbgötter hinabgezogen und die unerträglichen Leiden von Streit *und Mißgunst* erdulden müssen; weil es ein Hindernis ist, das den Pfad zur Befreiung versperrt, solltest Du – indem Du keine Anhaftung *an es entwickelst*, Abneigung *ihm gegenüber* verspüren! Entsage *den entsprechenden Gewohnheitstendenzen*! Entwickele *vielmehr* Hingabe gegenüber jenem strahlend gleißenden grünen Licht und sprich dieses Wunschgebet, indem Du Dich ‚einspitzig' auf Buddha Amoghasiddhi vor Dir ausrichtest:

‚Wehe, der ich aufgrund unmäßigen Neides ziellos in *der bedingten Existenz von* Samsara umherwandere, führe mich auf den Pfad des Klaren Lichts der allesvollendenden Weisheit, *Buddha* Amoghasiddhi, und beschütze mich *dabei* im Rücken, höchste Gefährtin Samayatara! Ich bitte Euch, geleitet mich über den furchterregenden Pfad des Bardo und führt mich zur perfekten vollkommenen Buddhaschaft!'

Indem Du dieses Wunschgebet mit großer Hingabe und tiefem Vertrauen rezitierst, schmilzt Du in das Regenbogenlicht im Herzen von Buddha Amoghasiddhi hinein und wirst dadurch zu einem Sambhogakaya-Buddha im nördlichen Reinen Land Karmaprasiddhi."

Indem man *den Verstorbenen* derart zu wiederholten Malen anleitet, ist es unmöglich, daß *er* – wie selbstsüchtig oder altruistisch *er* auch immer gewesen sein mag – daraufhin nicht auf die eine oder andere Weise die Befreiung erlangt. Dennoch werden manche fühlende Wesen, obwohl sie wiederholt derart angeleitet worden sind, aufgrund sehr starker, lange *gepflegter* Gewohnheitstendenzen sowie durch mangelnde Vertrautheit mit den reinen Visionen der fünf Weisheiten trotz *dieser* Anleitungen in *ihre* negativen Gewohnheitstendenzen zurückgetragen; nicht von den Lichtstrahlen des Mitgefühls erfaßt, geraten *jene* durch die Lichter und Strahlen in Angst und Schrecken und *wandern in der bedingten Existenz von* Samsara *weiter* abwärts.

Der sechste Tag

So erscheinen am sechsten Tag die Buddhas der fünf *Buddha*-Familien mit ihren Gefährtinnen, zur gleichen Zeit von ihrem Gefolge umgeben, während gleichzeitig die sechs Lichter aus den sechs Bereichen *der Existenz auf den Verstorbenen* fallen. Indem man den Verstorbenen beim Namen ruft, leitet man ihn mit den *folgenden* Worten an:

„Edler ..., *höre ohne jede Zerstreuung zu*! Bis gestern sind Dir die Visionen der jeweiligen fünf *Buddha*-Familien erschienen, und obwohl Du *entsprechend* angeleitet worden bist, wurdest Du durch die Kraft Deiner *negativen* Gewohnheitstendenzen in Angst und Schrecken versetzt; deshalb bist Du bis jetzt hier geblieben. Wenn Du die zuvor *erschienenen* Ausstrahlungen der Weisheiten der fünf *Buddha*-Familien als Deine eigenen Visionen erkannt hättest, wärest Du in das Regenbogenlicht der Verkörperung der jeweiligen *Buddha*-Familie hineingeschmolzen, was als Ursache *zum Erlangen der* Buddhaschaft als Samboghakaya-Verkörperung gedient hätte. Da Du *sie jedoch* nicht als Deine eigenen Visionen erkannt hast, bist Du hierher weitergewandert. Nun solltest Du ohne *jede* Zerstreuung zuhören!

Jetzt werden die Visionen der vollständigen perfekten *Buddha*-Familien sowie dasjenige, was die Lichter der Vereinigung der vier Weisheiten genannt wird, kommen, um Dich zu empfangen. Dies solltest Du erkennen.

Edler ..., das vierfarbige Licht des reinen Aspektes der vier Elemente [*Wasser, Erde, Feuer und Wind*] erscheint *nun*. Zu dieser Zeit wird aus dem zentralen Reinen Land Akanishta der Buddha Vairocana in Vereinigung erscheinen wie zuvor; aus dem östlichen Reinen Land Abhirati wird Buddha Vajrasattva-Akshobya in Vereinigung, umgeben von *seinem* Gefolge, erscheinen; aus dem südlichen Reinen Land Srimat wird der Buddha Ratnasambhava in Vereinigung, umgeben von seinem Gefolge, erscheinen; aus dem westlichen Reinen Land Padmakuta wird Buddha Amitabha in Vereinigung, umgeben von seinem Gefolge, erscheinen; und aus dem nördlichen Reinen Land Karmaprasiddhi wird Buddha Amoghasiddhi in Vereinigung, umgeben von seinem Gefolge, aus dem Zentrum eines Regenbogenlichts Dir jetzt erscheinen.

Edler ..., von außerhalb *des Regenbogenlichts* der Versammlung jener *Buddhas* der fünf *Buddha*-Familien in Vereinigung erscheinen die zornvollen Torwächter: *im Osten* Vijaya [*der Siegreiche; er ist von weißer Körperfarbe und trägt einen Totenkopfstab und eine Glocke*]; *im Süden* Yamantaka [*der Bezwinger des Todes; er ist von gelber Körperfarbe und trägt einen Totenkopfstab und eine Glocke*]; *im Westen* Hayagriva [*der Pferdeköpfige; er ist von roter*

Körperfarbe und trägt eine Eisenfessel und eine Glocke]; **im Norden** Amritakundali [*der Nektarwirbel; er ist von grüner Körperfarbe und trägt eine Doppeldorje und eine mit einem Doppeldorje geschmückte Glocke*]; **und** die weiblichen Torwächter: Ankusa [*die mit dem Eisenhaken; sie ist von weißer Körperfarbe und trägt einen Eisenhaken und eine mit Blut gefüllte Schädelschale*], Pasadhari [*die mit dem Schweinegesicht; sie ist von gelber Körperfarbe und trägt eine Schlinge und eine mit Blut gefüllte Schädelschale*], Srnkhala [*die mit dem Löwengesicht; sie ist von roter Körperfarbe und trägt eine Eisenfessel und eine mit Blut gefüllte Schädelschale*] und Kinkinadhari [*die mit dem Schlangengesicht; sie ist von grüner Körperfarbe und trägt eine Glocke und eine mit Blut gefüllte Schädelschale*]; und auch die sechs Buddhas: Satakratu *aus den* Götter*bereichen* [*er ist von weißer Körperfarbe und hält eine Laute*]; Vemacitra *aus dem Bereich* der Halbgötter [*er ist von grüner Körperfarbe und hält eine Rüstung mit Helm*]; der Löwe der Shakyas, der Buddha der Menschen [*er ist von gelber Körperfarbe und hält einen Mönchsstab und eine Bettelschale*]; Druvasinha, der Buddha der Tiere [*er ist von dunkelblauer Körperfarbe und hält einen Buchband in seiner rechten Hand. Die linke Hand hält er in der Schutz gewährenden Geste*]; Jvalamukha, der Buddha der Hungergeister [*Flammenmund; er ist von roter Körperfarbe und hält ein kostbares Gefäß in seiner rechten Hand; die linke Hand hält er in der Schutz gewährenden Geste*]; und Dharmaraja, der Buddha der Höllenwesen [*er ist von schwarzer Körperfarbe und hält einen Feuerball und eine mit Safran gefüllte Muschel; Angaben nach Tenga Rinpoches ›Übergang und Befreiung‹,* KHAMPA 1996; *dort finden sich auch Abbildungen zu den bisher beschriebenen sowie zu den im folgenden aufgeführten Aspekten*] – diese sechs Buddhas. Und auch Samantabhadra und Samantabhadri – die Urformen sämtlicher Buddhas – erscheinen [*über dem Kopf Buddha Vairocanas*] in Vereinigung. So werden aus *Deinem* Herzen zweiundvierzig *friedvolle* Samboghakaya-Verkörperungen [*die zu Lebzeiten in den Nadi-Abzweigungen des Herz-Chakras verweilen; vgl. Tenga Rinpoches: ›Übergang und Befreiung‹,* KHAMPA 1996, *S. 76*] erscheinen; weil sie, indem sie hervortreten und vor Dir selbst in Erscheinung treten, Deine eigenen reinen Projektionen sind, solltest Du sie *als solche* erkennen!

Oh Edler ..., diese Reinen Länder existieren nicht außerhalb Deiner selbst, sondern stammen aus den vier Richtungen Deines Herzens sowie dessen Zentrum als fünfter *Richtung* [*dies zielt auf die Organisation des feinstofflichen Systems des Herz-Chakras sowie der von ihm abzweigenden Kanäle hin*], und nun treten sie aus dem Inneren Deines Herzens hervor und erscheinen vor Dir. Auch die Gottheiten sind nicht von irgendeinem anderen *Ort* gekommen, sondern sind seit anfangslosen Zeiten der spontan entstehende natürliche Ausdruck Deines eigenen Gewahrseins; deshalb solltest Du sie als solchen erkennen!

Oh Edler ..., diese Verkörperungen sind weder sehr groß noch sehr klein, sondern vollkommen proportioniert *sowie* mit ihrem jeweiligen Schmuck, der *charakteristischen* Farbe, Sitzhaltung, *ihrem* Thron und Emblem ausgestattet. Diese Gottheiten sind zu fünf Paaren angeordnet, deren jedes von *Strahlen* aus fünffarbigem Licht umgeben ist, wobei die männlichen Bodhisattvas der Familie der Buddhas, die weiblichen Bodhisattvas der Familie der Gefährtinnen und sämtliche Mandalas gleichzeitig in einer vollkommen perfekten Weise erscheinen; deshalb solltest Du erkennen, daß sie aus diesem Grund Deine eigenen Yidam-Gottheiten sind.

Oh Edler ..., aus den Herzen jener *Buddhas* der fünf *Buddha*-Familien und ihrer Gefährtinnen strahlen jetzt die Lichtstrahlen der Vereinigung der vier Weisheiten besonders klar und fein – wie Fäden aus Sonnenlicht gesponnen – einzeln in Dein Herz hinein. Als erstes fallen aus dem Herzen *Buddha* Vairocanas die angst- und furchterregenden gleißenden weißen Lichtstrahlen der Dharmadhatu-Weisheit in Dein Herz hinein; auf diesem Gewebe aus Lichtstrahlen wird vor Dir ein weißer Funke aus Lichtstrahlen wie ein umgedrehter Spiegel sehr klar und leuchtend erstrahlen, der mit den jeweils aus sich selbst heraus entstehenden fünf Funken *aus Lichtstrahlen* geschmückt ist, welche – ohne *jedes* Zentrum und ohne *jede* Grenze – mit *weiteren* Funken und kleinen Fünkchen *aus Lichtstrahlen* geschmückt sind. Aus dem Herzen *des Buddha* Vajrasattva-Akshobya fällt das *Licht*gewebe der himmelblauen spiegelgleichen Weisheit und darauf der blaue Funke wie eine umgekehrte Türkisschale, mit *weiteren* Funken und kleinen Fünkchen *aus Lichtstrahlen* geschmückt. Aus dem Herzen *des Buddha* Ratnasambhava fällt das *Licht*gewebe der gelben klaren Weisheit der Gleichheit und darauf der gelbe Funke wie eine umgekehrte goldene Schale, mit *weiteren* Funken und kleinen Fünkchen *aus Lichtstrahlen* geschmückt. Aus dem Herzen *des Buddha* Amitabha fällt das klare *Licht*gewebe der roten Weisheit der Unterscheidung und darauf der rote Funke wie eine umgekehrte Schale aus Koralle, mit *weiteren* Funken und kleinen Fünkchen *aus Lichtstrahlen* geschmückt. Die natürliche Ausstrahlung *dieser* Weisheit ist sehr klar und gleißend. Sie sind mit weiteren Funken und Fünkchen geschmückt, die ohne Zentrum und ohne Begrenzung sind. Jene *Lichter* treffen in Deinem Herzen zusammen.

Oh Edler ..., weil diese *Lichtgewebe*, die *auf Dich* strahlen, die natürliche Ausstrahlung Deines eigenen Gewahrseins sind, können sie nicht von einem anderen Ort gekommen sein. Hafte nicht an ihnen an und lasse Dich durch sie nicht in einen - Zustand der Agitiertheit versetzen, sondern verweile im Zentrum eines gedankenfreien Zustandes, der frei von Furcht und Agitiertheit ist; in diesem Zustand werden sämtliche Gottheiten und Lichtstrahlen in Dich hineinschmelzen, und Du wirst zu einem Buddha werden.

Oh Edler ..., das grüne Licht der allesvollendenden Weisheit *von Buddha Amoghasiddhi* scheint noch nicht in Dich hinein, weil der ‚Selbstausdruck' (tib: rang.rtsal) [*bzw. die natürliche Ausstrahlung*] der Weisheit Deines eigenen Gewahrseins noch nicht vervollkommnet ist.

Oh Edler ..., diese sind es, die man die Vision der Vereinigung der vier Weisheiten bzw. den Zugangsweg zu Dorje Sempa nennt. Zu dieser Zeit solltest Du Dich an die zuvor als mündliche Belehrungen *präsentierten* Anweisungen *Deines* Lama erinnern! Wenn Du Dich an die sog. ‚Anweisungen *über die Natur des eigenen Geistes*‛ (tib: ngo.sprod.kyi.gdams.pa) erinnerst, dann werden jene Einsichten, die zuvor entstanden – wie das Zusammentreffen von Mutter und Sohn oder wie man einen zuvor vertrauten alten Freund, den man lange nicht gesehen hat, wiedertrifft – Vertrauen *in Dir* hervorrufen. Indem Du *diese Gottheiten und die von ihnen ausgehenden Lichter* als Deine eigenen Projektionen erkennst, realisierst Du den unveränderlichen Pfad der vollkommen reinen wahren Natur; dadurch kommt eine kontinuierliche meditative Versenkung zustande, und Du wirst in den Körper des großen, spontan entstehenden Gewahrseins hineinschmelzen, wodurch Du zu einem Samboghakaya-Buddha werden wirst, von wo es keine Rückkehr *in samsarische Existenzen* mehr gibt.

Oh Edler …, zugleich mit den Weisheitslichtern werden die trügerischen unreinen Visionen der Lichter der sechs Bereiche aufscheinen, nämlich das trübe weiße Licht *aus dem Bereich* der Götter, das trübe rote Licht *aus dem Bereich* der Halbgötter, das trübe blaue Licht *aus dem Bereich* der Menschen, das trübe grüne Licht *aus dem Bereich* der Tiere, das trübe gelbe Licht *aus dem Bereich* der Hungergeister, und das trübe rauchfarbene Licht *aus dem Bereich* der Höllenwesen; jene werden gemeinsam mit den reinen Weisheitslichtern erstrahlen. Wenn dies geschieht, solltest Du keines von jenen – welches immer es auch sei – ergreifen und an ihm anhaften; verharre vielmehr im natürlichen vorstellungslosen Zustand. Wenn Du Dich *jedoch* vor dem reinen Licht der Weisheit fürchtest und Anhaftung an *eines der* unreinen Lichter aus den sechs Bereichen der bedingten Existenz von Samsara zeigst, wirst Du den Körper eines Wesens aus den sechs Bereichen der Existenz erlangen und *erneut* in den Ozean der Leiden der bedingten Existenz *von Samsara* eintauchen, und – indem Du die Befreiung nicht erlangst – *alle Arten von* Elend erfahren.

Oh Edler …, falls Du keine Instruktionen *über die wahre Natur des Geistes in Form* mündlicher Belehrungen von einem Lama erhalten hast, wirst Du in Bezug auf die oben *dargestellten* reinen Verkörperungen *der Gottheiten* und *deren* Weisheitslichter in Angst und Schrecken geraten und Anhaftung an die unreinen Lichter, die *aus den Bereichen* der bedingten Existenz *von Samsara* fallen, empfinden; Du solltest nicht so handeln, sondern Vertrauen und Hingabe gegenüber jenen gleißenden strahlenden Lichtern reiner Weisheit empfinden. Denke voller Hingabe:

‚Das Licht der Weisheit des Mitgefühls der Tathagatas, der Herren der fünf Buddhafamilien, scheint auf mich, um mich mit diesem Mitgefühl zu ergreifen; indem ich es erwarte, nehme ich Zuflucht zu ihm!'

Hafte weder an die trügerischen Lichter aus den sechs Bereichen der Existenz an noch strebe ihnen nach, sondern konzentriere Dich einspitzig auf die Buddhas der fünf Buddhafamilien, und sprich folgendes Wunschgebet, indem Du sagst:

‚Wehe, nun ich aufgrund der fünf störenden Gefühle [*1) Anhaftung, Begierde oder Gier, 2) Aggression, Zorn, Wut, Ablehnung, Haß bzw. Ekel, 3) Ignoranz, Gleichgültigkeit, Dumpfheit bzw. Dummheit, 4) Stolz und 5) Neid/Eifersucht*] in der bedingten Existenz *von Samsara* umherirre, mögen mich die Buddhas, die Siegreichen, die *Herren der* fünf *Buddha*familien, auf dem Pfad des Lichts der strahlenden Vereinigung der vier Weisheiten geleiten, und mögen mich die großen Gefährtinnen der *Herren der fünf Buddhafamilien* dabei im Rücken beschützen! Bitte bewahrt mich vor dem Pfad des Lichts der unreinen sechs Bereiche! Bitte geleitet mich über den gefahrvollen Pfad des Bardo und führt mich zu den fünf Reinen Ländern!'"

Wer jenes Wunschgebet rezitiert, wird – indem er *diese Visionen* als seine eigenen Projektionen erkennt – in die Nicht-Dualität hineinschmelzen und zu einem Buddha werden; sollte *der Verstorbene jedoch nur* mittlere spirituelle Fähigkeiten besitzen, wird er die Befreiung realisieren, indem er *das oben Gesagte* aufgrund seines großen Vertrauens und seiner starken Hingabe erkennt; und selbst wenn er *nur* mit geringen spirituellen Fähigkeiten ausgestattet sein sollte, wird er durch die Kraft des Segens *dieses* vollkommen reinen Wunschgebetes den Eintritt in die Gebärmutter *eines Wesens* der sechs Bereiche der Existenz verhindern. Indem er die Bedeutung der miteinander verbundenen Weisheiten realisiert, wird er die Buddhaschaft auf der geheimen Abkürzung von Dorje Sempa erlangen. Wenn *Wesen* in dieser Weise im Sterben in einer klaren Weise angeleitet werden, dann werden sehr viele durch diese Anleitung befreit werden.

Niedere Wesen jedoch oder Menschen in unzivilisierten Gegenden [*in denen die buddhistische Lehre nicht bekannt ist*], sowie unmoralische Menschen, die niemals die Gewohnheit entwickelt haben, sich mit der Lehre des Buddha zu befassen, sowie solche Individuen, die ihre Gelübde nicht gehalten haben usw., können – da sie von *ihrem* Karma getäuscht werden – nicht zur Einsicht gelangen, auch wenn sie angeleitet werden, und müssen weiter wandern.

Der siebente Tag

Am siebenten Tag entstehen aus dem ‚Reinen Land himmlischer Freude' (tib: mkha'.spyod.kyi.zhing.khams) die ‚Vidyadharas' (tib: rig.'dzin) [*die sog. Gewahrseinshalter bzw. Halter der Wissensmantren*], um *den Verstorbenen* zu empfangen; zur gleichen Zeit erscheint aber auch der Pfad des Lichts *aus dem Bereich* der Tiere, welcher aus dem störenden Gefühl der Ignoranz heraus entstanden ist, um *den Verstorbenen* zu empfangen. Zu dieser Zeit sollte folgende Anleitung präsentiert werden, indem man den Verstorbenen bei seinem Namen ruft:

„Oh Edler ..., höre ohne *jede* Zerstreuung zu! An *diesem* siebenten Tag erscheint aus der Ausdehnung Deiner Gewohnheitstendenzen ein reines fünffarbiges Licht. Zu dieser Zeit erscheinen die Gewahrseinshalter aus dem ‚Reinen Land himmlischer

Freude', um Dich zu empfangen. In der Mitte eines Mandala aus Regenbögen und Licht wird derjenige, der ‚unübertrefflicher Lotusherr des Tanzes' genannt wird, der ‚Gewahrseinshalter der vollkommenen Reifung' erscheinen. Sein Körper ist im Besitz der natürlichen Ausstrahlung der fünf Lichtfarben, und er befindet sich in enger Umarmung mit der Gefährtin ‚rote Dakini'. *Beide* halten ein Haumesser *in ihrer rechten* und eine mit Blut gefüllte Schädelschale *in ihrer linken Hand*, den Blick und *die rechte Hand in* Mudra-Geste zum Himmel gewandt. Im Osten des Mandala befindet sich der ‚auf Erden verweilende Gewahrseinshalter', der von weißer Körperfarbe ist und ein freundliches Lächeln zur Schau trägt. Er befindet sich in enger Umarmung mit seiner Gefährtin ‚weiße Dakini'. *Beide* halten ein Haumesser *in ihrer rechten* und eine mit Blut gefüllte Schädelschale *in ihrer linken Hand*, den Blick und *die rechte Hand in* Mudra-Geste zum Himmel gewandt. Im Süden dieses Mandala befindet sich der ‚Gewahrseinshalter, der Macht über das Leben besitzt'. Er ist von gelber Körperfarbe und von angenehmem, wohl-proportioniertem Äußeren. Er befindet sich in enger Umarmung mit seiner Gefährtin ‚gelbe Dakini'. *Beide* halten ein Haumesser *in ihrer rechten* und eine mit Blut gefüllte Schädelschale *in ihrer linken Hand*, den Blick und *die rechte Hand in* Mudra-Geste zum Himmel gewandt. Im Westen dieses Mandala befindet sich der ‚Gewahrseinshalter des ‚Großen Siegels' [*d.i. Mahamudra*]'. Er ist von roter Körperfarbe und trägt ein Lächeln zur Schau. Er befindet sich in enger Umarmung mit seiner Gefährtin ‚rote Dakini'. *Beide* halten ein Haumesser *in ihrer rechten* und eine mit Blut gefüllte Schädelschale *in ihrer linken Hand*, den Blick und *die rechte Hand in* Mudra-Geste zum Himmel gewandt. Im Norden dieses Mandala befindet sich der ‚spontan entstandene Gewahrseinshalter'. Er ist von grüner Körperfarbe und trägt ein zornvolles Lächeln zur Schau. Er befindet sich in enger Umarmung mit seiner Gefährtin ‚grüne Dakini'. *Beide* halten ein Haumesser *in ihrer rechten* und eine mit Blut gefüllte Schädelschale *in ihrer linken Hand*, den Blick und *die rechte Hand in* Mudra-Geste zum Himmel gewandt.

Um diese Gewahrseinshalter herum befinden sich unzählige Dakinis, nämlich die Dakinis der acht Friedhöfe, die Dakinis der vier Familien [*d.s. die Juwelen-, die Lotus-, die Karma- und die Buddha- bzw. Vajrafamilie*], die Dakinis der drei Orte [*d.s. die Verweilorte der Dakas und Dakinis von Körper, Rede und Geist*], die Dakinis der zehn Himmelsrichtungen, die Dakinis der vierundzwanzig Pilgerorte, Helden und Heldinnen, sowie sämtliche Krieger und Dharmaschützer, die gegen üble Kräfte schützen, allesamt den sechsfachen Knochenschmuck sowie unzählige besondere Musikinstrumente wie Trommeln, Knochentrompeten, Schädeldamarus, Banner aus Kinderhaut, Baldachine aus Menschenhäuten, Bänder aus Menschenhaut und Räucherwerk aus versengtem Menschenfleisch tragend; damit füllen sie den ganzen Weltenraum an, bis jener vollends wankt, erzittert und erbebt. Das Dröhnen sämtlicher Musikinstrumente wird schließlich so ohrenbetäubend, daß es einem den Kopf zersprengt; auf unterschiedliche Weise tanzend kommen sie herbei, um jene zu empfangen, die *zu Lebzeiten* ihre Gelübde gehalten haben, und jene zu bestrafen, die ihre Gelübde gebrochen haben. Oh Edler ..., aus der Sphäre der Gewohnheitstendenzen erstrahlt *nun* wie außerordentlich dünn gesponnene Lichtfäden die reine, spontan entstehende Weisheit als blendender Strahl fünffarbigen Lichtes von durchdringendem Glanz, gleißend und in einem einzigen Strahl leuchtend überaus schrecklich aus dem Herzen des Hauptaspektes der Gewahrseinshalter heraus so hell in Dein Herz hinein, daß Deine Augen diesen Anblick kaum ertragen können. Gleichzeitig mit dem Licht der Weisheit erstrahlt das trübe grüne Licht aus dem Bereich der Tiere. Zu dieser Zeit wirst Du aufgrund der Täuschungen, die durch Deine *negativen* Gewohnheitstendenzen *zustandegekommen sind*, Furcht vor dem fünffarbigen Licht empfinden und ihm zu entfliehen versuchen, während Du Dich zum trüben Licht aus dem Bereich der Tiere hingezogen fühlst. Falls dies so sein sollte, solltest Du Dich vor dem grellen gleißenden fünffarbigen Licht nicht fürchten, sondern es als *das Licht der* eigenen Weisheit erkennen.

Aus dem Inneren *dieses* Lichts dröhnt der Eigenklang sämtlicher Phänomene *in der Lautstärke* von tausend Donnern; es rollt und tost, heult *wie in einem Sturm*, schrecklich und furchterregend. Sei nicht von Furcht übermannt; flüchte nicht, sondern erkenne *jene Klänge* als Deine eigenen Visionen, die Deinem eigenen Gewahrsein erscheinen. Empfinde keine Anhaftung an das trübe grüne Licht *aus dem Bereich* der Tiere! Lasse Dich nicht von ihm anziehen! Wenn Du Dich von ihm vereinnahmen läßt, wirst Du eine Geburt als ignorantes Tier erfahren und die grenzenlosen Leiden von Idiotie, Sklaverei und Geschlachtetwerden erfahren; lasse Dich nicht davon anziehen, denn zu jener Zeit ist die Befreiung nicht möglich. Habe *stattdessen* Vertrauen zum gleißend leuchtenden fünffarbigen Licht und konzentriere Dich einsgerichtet auf die Gottheiten, die die Lehre vermitteln, die ‚siegreichen' Gewahrseinshalter [*laut Tenga Rinpoche die Yidam-Gottheiten, die zu Lebzeiten im Kehlchakra verweilen*] vor Dir, *indem Du denkst*:

‚*Diese* von Helden und Dakinis begleiteten Gewahrseinshalter sind gekommen, um mich in die reine Ausdehnung des Raums einzuladen, eingedenk der fühlenden Wesen, die wie ich selbst kein Wissen angesammelt haben und die bis heute *das Licht* des Mitgefühls der verschiedenen Gottheiten der Tathagatas der fünf *Buddha*-Familien aus Vergangenheit, Gegenwart und Zukunft weder erinnern noch ergreifen konnten; diese, die mir *darin* gleichen, wehe Euch! Oh ihr Gewahrseinshalter, laßt mich nicht noch weiter herabfallen, sondern ergreift mich mit dem eisernen Haken Eures Mitgefühls und zieht mich bitte in die reine Ausdehnung des Raums hinein!'

Indem Du Dich einsgerichtet konzentrierst, sprich dieses Wunschgebet:

‚Oh ihr Gewahrseinshalter, denkt an mich! Seid durch *Eure* große Liebe mein Führer! Nun, da ich aufgrund starker *negativer*

Gewohnheitstendenzen durch die bedingte Existenz *von Samsara* irre, geleitet mich auf den Pfad der leuchtenden spontan entstehenden Weisheit, ihr Gewahrseinshalter und Helden! Und ihr höchsten Gefährtinnen, ihr Dakinis, beschützt mich im Rücken! Führt mich über den gefahrvollen Pfad des Bardo in das Reine Land der Ausdehnung des Raumes!'"

Indem man dieses Wunschgebet mit großer Hingabe spricht, schmilzt *der Geist des Verstorbenen* in das Regenbogenlicht im Herzen der göttlichen Gewahrseinshalter [*d.h. der zweiundvierzig friedvollen Gottheiten des Bardo*], und wird zweifelsohne in der ‚reinen Ausdehnung des Raumes' [*d.i. der Name des entsprechenden Reinen Landes*] Geburt annehmen. Auch sämtliche spirituellen Lehrer, die diese Anweisungen *studiert haben*, werden in einer überaus einfachen Weise die Befreiung erlangen. Selbst *Individuen* mit üblen Gewohnheitstendenzen werden die Befreiung sicherlich erlangen.

Bis hierhin reichen die Anweisungen bezüglich des Klaren Lichtes im Bardo des Todes aus der Anleitung ›Die große Befreiung durch Hören im Sterben und im Tod‹.

Das Heraufdämmern der zornvollen Gottheiten

Nun soll aufgezeigt werden, in welcher Weise die zornvollen *Gottheiten* des Bardo erscheinen. Im obigen Bardo der friedvollen *Gottheiten* werden sieben Abstufungen [*bzw. ‚Tage'*] *aufgeführt*; durch die *entsprechenden* Anleitungen für jede dieser Stufen sollte *der Verstorbene* in die Lage versetzt werden, jene in der einen oder anderen Weise zu erkennen und dadurch die Befreiung zu erlangen. Unermeßlich viele *Wesen* werden so die Befreiung erlangen. Auch wenn *außerordentlich* viele *Wesen auf diese Weise* die Befreiung erlangen, ist die Zahl derjenigen Wesen groß, deren Karma *so* schlecht ist bzw. die so sehr unter geistigen Verschleierungen zu leiden haben bzw. deren Gewohnheitstendenzen dermaßen lange währen, daß ihre *von* Unwissenheit *genährten* samsarischen Täuschungen sich *bislang* weder verringert noch erschöpft haben; obwohl in jener Weise eingehend angeleitet, haben sie nicht die Befreiung erlangt, sondern wandern sogar noch tiefer hinab.

Außerdem: Nachdem die friedlichen Gottheiten, Gewahrseinshalter und göttlichen Dakinis gekommen sind, um *den Verstorbenen* zu empfangen, erscheinen die achtundfünfzig blutsaufenden zornvollen Gottheiten in einem Flammenmeer. Sie sind Transformationen der oben dargestellten friedvollen Gottheiten, auch wenn sie ihnen *in nichts* gleichen. Weil dies der Bardo der zornvollen Gottheiten ist, wird der Verstorbene nun von Angst, Schrecken und Panik überwältigt, so daß es schwierig wird, ihn anzuleiten. Das Gewahrsein des Verstorbenen – seiner selbst nicht mächtig – befindet sich in einer andauernden Ohnmacht. Wenn er *jedoch dazu gebracht werden kann*, zumindestens ein bißchen bewußt zu sein, wird es leicht sein, die Befreiung zu erlangen. Dies ist so, weil das Gewahrsein aufgrund des Entstehens von Angst, Schrecken und Panik keine Zeit hat, zerstreut zu sein; während es sich in hellster Aufregung befindet, ist es *in einem Zustand* eingerichteter Konzentration! Wenn *der Verstorbene* in dieser Situation nicht mit diesen mündlichen Unterweisungen zusammentrifft, wird ihm die unermeßliche Menge des bislang Gehörten nichts nützen. Selbst Panditas, die die Mönchsregeln halten, sowie große Gelehrte, die die absolute Natur der Wirklichkeit erforscht haben [*also Individuen, die gewohnt sind, ihren Geist zu beherrschen*], geraten in dieser Situation in große Verwirrung und können nicht angeleitet werden, so daß sie weiter in der bedingten Existenz *von Samsara* umherirren müssen. Auf gewöhnliche Individuen trifft dies umso mehr zu: In Angst, Schrecken und Panik geraten flüchten sie und gelangen in die niederen Bereiche hinab, wo sie *sämtlichen* Leiden ausgesetzt sind. Selbst der geringste unter den geringen tantrischen Yogis jedoch, der geheime Instruktionen praktiziert hat, wird die blutsaufenden Gottheiten – sobald er ihrer ansichtig wird – unmittelbar daraufhin als Yidam-Gottheiten zu er-

Gottheiten erkennen, so als ob er wieder mit einem vertrauten Menschen zusammentrifft. Indem er *jede* Dualität überwindend vertrauensvoll *in sie* hineinschmilzt, wird er zu einem Buddha. Wenn man zu Lebzeiten Meditationen auf diese blutsaufenden Gottheiten praktiziert hat, ihnen Opferrituale [*Pujas*] dargebracht hat oder bildliche Darstellungen bzw. Statuen von ihren körperlichen Formen gesehen hat usw., wird man die körperlichen Formen, die nun erscheinen, erkennen und die Befreiung erlangen; dies ist die Kernaussage!

Doch so angestrengt Panditas auch zu Lebzeiten die Mönchsgelübde gehalten haben und so sehr Gelehrte sich *zu Lebzeiten* auch immer *intellektuell* mit der absoluten Natur der Wirklichkeit auseinandergesetzt haben, und wie gelehrt sie *auch immer* die religiösen Abhandlungen *kommentieren konnten* – wenn sie sterben, wird man weder Reliquien [*besonders geformte Knochen in ihrer Asche*] noch ‚kleine weiße Segenspillen‘ (tib: ring.srel) finden oder Regenbögen sehen [*wenn der Verstorbene den sog. Regenbogenkörper realisiert, indem er seinen Körper mit Ausnahme der Haare und Finger- und Fußnägel vollkommen in Regenbogenlicht auflöst*]; weil jene zu Lebzeiten die geheimen Übertragungen nicht in ihrem Intellekt verankert hielten, sondern ihnen zuwiderhandelten, und da sie überdies nicht mit den Gottheiten der geheimen Übertragung [*d.h. mit Einweihungen auf die entsprechenden Gottheiten*] vertraut waren, können sie sie nicht wiedererkennen, wenn sie im Bardo erscheinen – was man niemals zuvor gesehen hat, scheint einem feindselig zu sein, wenn man es plötzlich sieht; weil sie deshalb in einen zornigen Geisteszustand geraten, werden sie dadurch bedingt in die niederen Bereiche [*d.s. die Geburten als Höllenwesen, Hungergeist oder Tier*] geraten. Aus diesem Grund wird man in der Asche derjenigen, die die Mönchsgelübde hielten, sowie der Philosophen – und sollten sie noch so gut über die absolute Ebene der Wirklichkeit Bescheid gewußt haben – solange sie die geheimen Übertragungen *des Vajrayana* nicht praktizierten, weder Zeichen wie bestimmte Reliquien oder ‚kleine weiße Segenspillen‘ finden, noch werden Regenbögen entstehen usw..

Jeder Praktizierende des geheimen Tantrayana jedoch – wie wenig *er in den tantrischen Übungen* auch immer fortgeschritten gewesen sein mag –, wird, auch wenn sein Verhalten grob, despektierlich und ungebildet war und selbst wenn er sich *niemals* den herrschenden Verhältnissen entsprechend verhielt – sogar wenn es niemals dazu kam, daß er die geheimen Übertragungen praktizieren konnte – solange er keine gegenteiligen Ansichten erzeugte, keinen Zweifel entstehen ließ und Vertrauen in die geheimen Übertragungen setzte, in diesem Stadium *des Sterbeprozesses* die Befreiung erlangen. Wenn er sich in der Welt der Menschen auch immer unangepaßt verhielt, so werden zum Zeitpunkt seines Todes *trotzdem* Reliquien, Segenspillen, Reliefs in seinen Knochen oder Regenbögen usw. entstehen; dies ist so, weil der Segen der geheimen Übertragung so überaus groß ist.

Die Yogis des geheimen Tantrayana von mittleren und außerordentlichen Fähigkeiten, geübt in der aufbauenden und der Vollendungsphase der Meditation sowie in der ‚Essenz-Rezitation' [*nach einer mündlichen Mitteilung Tenga Rinpoches untergliedern sich die drei Phasen der Visualisierung in die ‚Rezitation des Aufhörens' auf eine Keimsilbe, die ‚Vajrarezitation' auf den Atem und ‚Rezitation des Ausstrahlens und Einsammelns' von Segen*], brauchen nicht weiter durch den Bardo des Todes zu wandern; sobald ihr Atem zum Erliegen gekommen ist, werden sie von den Gewahrseinshaltern, Helden, Dakinis usw. gewißlich geradewegs in die reine Ausdehnung des Raums geleitet. Als Zeichen hierfür ist der Himmel *bei ihrem Sterben* wolkenlos, Regenbögen, Lichtwirbel und Blumen erscheinen *am Himmel*, der Duft von Räucherwerk, der Klang himmlischer Musik, ein Reliquien-, Knochenrelief- und Segenspillen-*Regen* tritt in Erscheinung; dies sind die Zeichen. Deshalb gibt es für diejenigen, die die Mönchsgelübde halten [*ohne die Methoden des Vajrayana zu praktizieren*], die Tantriker, die ihre Gelübde verletzt haben sowie für sämtliche gewöhnliche Personen [*die die Lehren weder studiert noch Einweihungen empfangen haben*] lediglich die Methode *des Verlesens des vorliegenden Textes* ›die große Befreiung durch Hören‹. Dzogchen-Praktizierenrende [*die fortgeschrittenen Praktizierenden der Nyingma-Tradition*], Mahamudra-Praktizierende [*die fortgeschrittenen Praktizierenden der Kagyü-Tradition*] usw. – diese großen Meditierenden werden im Bardo des Sterbens das Klare Licht erkennen und den Dharmakaya verwirklichen; deshalb ist *für sie* das Lesen der ›Befreiung durch Hören‹ vollkommen überflüssig, denn sie haben das Klare Licht im Bardo des Sterbens bereits verwirklicht und den Dharmakaya realisiert. Wer in diesem Bardo des Todes zur Zeit des Erscheinens der friedlichen und zornvollen *Gottheiten jene als solche* erkennt, wird den Samboghakaya realisieren. Wer im Bardo der Wiedergeburt erkennt, *daß es sich um jenen handelt*, wird den Nirmanakaya realisieren und sogar in den Reinen Ländern wiedergeboren werden, wo er *erneut* dieser Lehre begegnen wird. Da sich das Karma in die nächste Existenz hinein erstreckt, werden sie *dann erneut die Gelegenheit haben*, den Dharma zu praktizieren; aus diesem Grund ist dieser *Text* ›die große Befreiung durch Hören‹ eine Lehre, die ohne Meditation lediglich durch Hören der Lehren des Buddha zur Befreiung führt; eine Lehre, die die großen Sünder auf den Pfad der geheimen *Übertragung* geleitet; eine Lehre, die in einem einzigen Augenblick außerordentliche Veränderungen *bewirkt*; sie ist die tiefgründige Lehre, die in einem Moment die vollkommene Buddhaschaft *hervorruft*. Es ist unmöglich, daß Wesen, die zu ihr gefunden haben, in die niederen Bereiche der Existenz gelangen können. Indem dieser *Text ›Die große Befreiung durch Hören‹* sowie ›die Befreiung durch Tragen‹ (tib: btags.grol) [*ein kurzer Text aus diesem Zyklus, der dem Verstorbenen als Amulett umgehängt wird*] rezitiert werden, sind diese beiden wie ein goldenes Mandala, das mit Intarsien aus Türkisen verziert ist; deshalb sollten sie rezitiert werden! Indem in dieser Weise die erforderliche ›Befreiung durch Hören‹ gelehrt wurde, ist *der Verstorbene* nun anzuleiten, wie die zornvollen *Gottheiten des* Bardo erscheinen. Wieder soll man den Verstorbenen drei Mal bei seinem Namen rufen und diese Worte sprechen:

Der achte Tag

„Oh Edler ..., sei ohne *jede* Zerstreuung und höre zu! Obwohl *Dir* die friedvollen *Gottheiten* des Bardo bereits erschienen sind, hast Du sie nicht erkannt; deshalb mußtest Du bis hierher weiterwandern. An diesem achten Tag, werden *Dir* die blutsaufenden Gottheiten erscheinen; Du solltest sie ohne *jede* Ablenkung erkennen. Oh Edler ..., derjenige, der als der glorreiche Buddha Heruka bekannt ist [*d.i. Buddha Vairocana in seiner zornvollen Form*], tritt aus Deinem eigenen Gehirn hervor; er ist von dunkelbrauner Körperfarbe, hat drei Gesichter, sechs Arme und vier Beine; das rechte Gesicht ist weiß, das linke rot und das mittlere, *nach vorne weisende* dunkelbraun; sein Körper steht in Flammen aus Lichtbündeln; seine neun Augen starren mit einem rasenden Ausdruck in Deine Augen; seine Augenbrauen lodern wie Blitze; seine Hauzähne flammen sehr kupfern; ‚Ah-la-la' und ‚Ha-ha' läßt er ein brüllendes Gelächter erklingen; er gibt ein lautes zischendes Geräusch von sich; sein rotgoldenes gesträubtes Haupthaar ist von Flammen umgeben; seine Köpfe sind mit Sonne, Mond, schwarzen Schlangen und getrockneten Totenschädeln geschmückt; mit seinen sechs Händen hält er rechts *von oben nach unten* ein Rad, eine Axt und ein Schwert, *und* links hält er *von oben nach unten* eine Glocke, einen Pflug und eine Schädelschale. Seine Gefährtin Buddha Krodeshvari umschlingt seinen Körper, in der rechten um seinen Hals geschlungenen Hand [*nach Tenga Rinpoches Belehrungen*] *ein Rad haltend* und mit der linken eine *mit Blut gefüllte* Schädelschale zum Munde führend [*dito; im vorliegenden Text heißt es hier: einen roten Speer tragend*]; mit dem Gaumen laute Geräusche und Getöse wie Donner ausstoßend; das Weisheitsfeuer schlägt aus seiner dichten Behaarung, *deren Haare* wie Dorjes (tib; skrt: Vajra) sind; mit einem gestreckten und einem angewinkelten *Beinpaar* steht er auf einem von Garudas [*d.s. mystische Vögel*] gestützten Thron. Du solltest vor ihm keine Furcht haben! Gerate nicht in Panik!

Sei nicht von Schrecken *überwältigt*! Erkenne ihn *vielmehr* als Verkörperung Deines eigenen Gewahrseins! Du brauchst ihn nicht zu fürchten, weil er Deine eigene Yidam-Gottheit ist. Weil er in Wirklichkeit eine Manifestation von Buddha Vairocana in Vereinigung mit seiner Gefährtin ist, habe keine Angst! Zugleich mit dieser Erkenntnis ist die Befreiung realisiert."

Weil dies gesagt wurde, wird *der Verstorbene* ihn als Yidam erkennen, und indem er untrennbar mit ihm verschmilzt, wird er sich zu einem Buddha in der Samboghakaya-Verkörperung transformieren.

Der neunte Tag

Wenn er *ihn* jedoch nicht erkennt, weil er Furcht und Panik entwickelt und flüchtet, wird am neunten Tag die blutsaufende *Manifestation* der Vajra- *bzw. Diamant*-Familie kommen, um *den Verstorbenen* einzuladen. Auch *hier ist es erforderlich, den Verstorbenen* anzuleiten; indem man ihn beim Namen ruft, spricht man folgende Worte:

„Oh Edler ..., der Blutsaufende der Vajra-Familie, Buddha Vajra Heruka genannt, tritt nun aus dem östlichen Viertel Deines Gehirns hervor und tritt vor Dich; er ist von azurblauschwarzer Körperfarbe, hat drei Gesichter, sechs Arme und vier gespreizt *stehende* Beine; sein rechtes Gesicht ist weiß, sein mittleres rot und das linke azurblau; in der oberen rechten Hand hält er einen Dorje, in der mittleren eine Schädelschale und in der unteren eine Axt, und in der oberen linken Hand hält er eine Glocke, in der mittleren *ebenfalls* eine Schädelschale und in der unteren einen Pflug; die Gefährtin Vajra Krodeshvari umarmt seinen Körper, den rechten Arm um seinen Nacken geschlungen und die Linke mit der Schädelschale zum Munde führend [*hier wie in den folgenden Fällen heißt es im dem Übersetzer vorliegenden*

Blockdruck: ... trägt einen roten Speer in der linken Hand]. Du solltest *vor ihm* keine Furcht haben! Gerate nicht in Panik! Sei nicht von Schrecken *überwältigt!* Weil er in Wirklichkeit Buddha Dorje Sempa in Vereinigung ist, brauchst Du keine Angst zu haben. Du solltest *vielmehr* Hingabe entwickeln! Wenn Du *ihn als solchen* erkennst, wirst Du gleichzeitig die Befreiung erlangen."

Aufgrund dieser Worte wird *der Verstorbene Buddha Vajra Heruka* als Yidam erkennen und untrennbar mit ihm verschmelzen; dadurch wird er sich *augenblicklich* zu einem Buddha transformieren.

Der zehnte Tag

Wenn *der Verstorbene* dies jedoch nicht erkennt, weil er aufgrund *sehr* großer karmischer Verschleierungen von Angst und Schrecken überwältigt wird und flüchtet, dann wird am zehnten Tag die blutsaufende *Manifestation der* Ratna- *bzw. Juwelen*-Familie kommen, um *ihn* einzuladen. Um ihn wiederum anzuleiten, rufe man den Verstorbenen beim Namen und spreche folgende Worte:

„Oh Edler ..., der Blutsaufende der Ratna-Familie, Buddha Ratna Heruka genannt, tritt nun aus dem südlichen Viertel Deines Gehirns hervor und tritt vor Dich; er ist von gelblich-schwarzer Körperfarbe, hat drei Gesichter, sechs Arme und vier gespreizt *stehende* Beine; sein rechtes Gesicht ist weiß, sein mittleres rot und das linke außerordentlich gelblich-schwarz; in der oberen rechten Hand hält er ein Juwel, in der mittleren einen Kathvanga [*d.i. ein Speer, auf den Menschenköpfe aufgespießt sind*] und in der unteren eine Keule, und in der oberen linken Hand hält er eine Glocke, in der mittleren eine Schädelschale und in der unteren einen Dreizack; die Gefährtin Ratna Krodeshvari umarmt seinen Körper, den rechten Arm um seinen Nacken geschlungen und die Linke mit der Schädelschale zum Munde führend. Du solltest keine Furcht haben! Gerate nicht in Panik, sei nicht von Schrecken *überwältigt*! Weil dies in Wirklichkeit Buddha Ratnasambhava in Vereinigung ist, brauchst Du keine Angst zu haben. Du solltest *vielmehr* Hingabe entwickeln! Wenn Du *ihn als solchen* erkennst, wirst Du gleichzeitig die Befreiung erlangen."

Aufgrund dieser Worte wird *der Verstorbene Buddha Ratnasambhava* als Yidam erkennen und untrennbar mit ihm verschmelzen; dadurch wird er *augenblicklich* zu einem Buddha werden.

Der elfte Tag

Wenn *der Verstorbene* jedoch, obwohl er derart angeleitet wurde, *dies* nicht erkennt, weil er durch die Kraft schlechter Gewohnheitstendenzen von Angst und Schrecken überwältigt wird und flüchtet, dann wird am elften Tag die blutsaufende *Manifestation der* Lotus-Familie kommen, um *ihn* einzuladen. Um ihn wiederum anzuleiten, rufe man den Verstorbenen beim Namen und spreche folgende Worte:

„Oh Edler ..., der Blutsaufende der Lotus-Familie, Buddha Pema Heruka genannt, tritt nun aus dem westlichen Viertel Deines Gehirns hervor und tritt vor Dich; er ist von rötlich-schwarzer Körperfarbe, hat drei Gesichter, sechs Arme und vier gespreizt *stehende* Beine; sein rechtes Gesicht ist weiß, sein mittleres rötlich-schwarz und das linke blau; in der oberen rechten Hand hält er einen Lotus, in der mittleren einen Kathvanga und in der unteren einen Stab, und in der oberen linken Hand hält er eine Glocke, in der mittleren eine Schädelschale und in der unteren eine kleine Trommel; die Gefährtin Pema Krodeshvari umarmt seinen Körper, den rechten Arm um seinen Nacken geschlungen und die Linke mit der Schädelschale zum Munde führend. Du solltest *vor ihm* keine Furcht haben! Gerate nicht in Panik! Sei nicht von Schrecken *überwältigt*! Meditiere *vielmehr* voller Freude! Erkenne, daß es sich *hierbei* um eine Manifestation Deines eigenen Gewahrseins handelt! Weil *dies* Deine eigene Yidam-Gottheit ist, brauchst Du keine Angst zu haben! Weil *er* in Wirklichkeit Buddha Amitabha in Vereinigung ist, solltest Du Hingabe *zu ihm* entwickeln! Wenn Du *ihn als solchen* erkennst, wirst Du im gleichen Moment die Befreiung erlangen."

Aufgrund dieser Worte wird *der Verstorbene Buddha Amitabha* als Yidam erkennen und untrennbar mit ihm verschmelzen; dadurch wird er sich *augenblicklich* zu einem Buddha transformieren.

Der zwölfte Tag

Wenn *der Verstorbene*, obwohl er derart angeleitet worden ist, seinen Yidam jedoch aufgrund übler Gewohnheitstendenzen nicht erkennt, von Angst und Schrecken überwältigt wird und flüchtet, dann werden am zwölften Tag die blutsaufenden *Manifestationen der* Karma-Familie sowie die Gauris [*verschiedenfarbige Göttinnen in Menschengestalt*], die Pisacis [*fleischfressende Gottheiten mit Vögel- und Tierköpfen*], die *vier* Torwächterinnen und die Durgas kommen, um *ihn* einzuladen. Wenn *der Verstorbene* sie nicht erkennt, wird große Furcht und Panik in ihm aufsteigen; also soll man, um ihn wiederum anzuleiten, den Verstorbenen beim Namen rufen und folgende Worte sprechen:

„Oh Edler ..., nun, da der zwölfte Tag angebrochen ist, tritt der Blutsaufende der Karma-Familie, Buddha Karma Heruka genannt, in Vereinigung *mit seiner Gefährtin* klar aus dem nördlichen Viertel Deines Gehirns hervor und erscheint vor Dir; er ist von grünlich-schwarzer Körperfarbe, hat drei Gesichter, sechs Arme und vier gespreizt *stehende* Beine; sein rechtes Gesicht ist weiß, sein mittleres Gesicht ist wild und von grünlich-schwarzer Farbe, und das linke ist rot; in seiner oberen rechten Hand hält er ein Schwert, in der mittleren einen Kathvanga und in der unteren einen Stab, und in der oberen linken Hand hält er eine Glocke, in der mittleren eine Schädelschale und in der unteren einen Pflug; die Gefährtin Karma Krodeshvari umarmt seinen Körper, den rechten Arm um seinen Nacken geschlungen und die Linke mit der Schädelschale zum Munde führend. Du solltest *vor ihm* keine Furcht haben! Gerate nicht in Panik! Sei nicht von Schrecken *überwältigt*! Erkenne ihn *vielmehr* als Manifestation Deines eigenen Gewahrseins! Weil er Deine eigene Yidam-Gottheit ist, brauchst Du keine Angst zu haben. Er ist in Wirklichkeit Buddha Amoghasiddhi in Vereinigung; Du solltest Hingabe und Respekt *ihm gegenüber* entwickeln. Wenn Du *ihn als solchen* erkennst, wirst Du gleichzeitig die Befreiung erlangen."

Aufgrund dieser Worte wird *der Verstorbene Buddha Amoghasiddhi* als Yidam erkennen und untrennbar mit ihm verschmelzen; dadurch wird er sich *augenblicklich* zu einem Buddha transformieren. Weil er aufgrund der mündlichen Unterweisungen seines Lama das Geschick besitzt, *jenen* als seine eigene Vision zu erkennen, ist *dies für ihn* so, als ob *jemand* beispielsweise *von Furcht* befreit wird, wenn er *erkennt, daß er* einen ausgestopften Löwen sieht; solange er nicht realisiert, daß der Löwe tatsächlich *nur* ausgestopft ist, wird er von Furcht und Schrecken überwältigt sein; darüber, daß *es sich hierbei* um eine fehlerhafte Erkenntnis handelte, von einem anderen Menschen aufgeklärt wird man von Furcht befreit sein. Ebenso wird *der Verstorbene* beim Anblick der blutsaufenden Gottheiten mit ihren riesigen Körpern und Gliedmassen, die erscheinen, als ob sie regelrecht den ganzen Raum ausfüllen, mit Gewißheit in Angst und Schrecken versetzt; sobald er *jedoch* diese Anleitung gehört hat, erkennt er sie als Projektionen seines eigenen *Geistes* bzw. als seinen Yidam; wenn dann das ‚Mutter-Klare Licht', in dem er zuvor vom Lama unterwiesen worden ist, und das anschließend erscheinende aus sich selbst heraus entstehende ‚Sohn-Klare Licht' – Mutter und Sohn – beide zusammentreffen, dann ist es, als ob jemand einen vormals engen Freund wiedertrifft: Man befreit sich selbst, indem einem *das wahre Wesen dieses* ›Selbst‹ aufgeht; selbstgewahre Eigenklarheit wird zur Selbstbefreiung!

Der dreizehnte Tag

Wenn *der Verstorbene* diese Anleitung *jedoch* nicht erhielt, wird er – selbst wenn er ein guter Mensch war – sich umwenden und weiter in der bedingten Existenz *von Samsara* umherwandern. Dann werden die acht rasenden Gauris und die Pisacis mit den unterschiedlichsten furchterregenden Köpfen aus dem Gehirn *des Verstorbenen* hervortreten und vor ihm erscheinen. Wiederum soll man ihn anleiten, indem man den Verstorbenen beim Namen ruft und diese Worte spricht:

„Oh Edler ..., höre ohne *jede* Zerstreuung zu! Aus dem östlichen Viertel Deines eigenen Gehirns tritt nun die weiße Gauri hervor; in der rechten *Hand* eine getrocknete Leiche als Keule und in der linken eine mit Blut gefüllte Schädelschale haltend, erscheint sie vor Dir. Sei ohne Furcht! Aus dem südlichen Viertel *Deines Gehirns* tritt die gelbe Cauri, einen Pfeil auf die Bogen*sehne* gelegt; aus dem westlichen Viertel *Deines Gehirns* tritt die rote Pramoha, die ein Krokodilbanner schwenkt; aus dem nördlichen Viertel *Deines Gehirns* tritt die schwarze Vetali, die einen Dorje und eine mit Blut gefüllte Schädelschale hält; aus dem Südosten *Deines Gehirns* tritt die rotgoldene Pukhasi, die Eingeweide in ihrer rechten Hand hält und sie mit ihrer linken zu ihrem Munde führt; aus dem Südwesten *Deines Gehirns* tritt die grünlich-schwarze Ghasmari, die mit der Linken eine mit Blut gefüllte Schädelschale zum Munde führt, die sie mit einem

Dorje, den sie in der Rechten hält, umrührt; aus dem Nordwesten *Deines Gehirns* tritt die gräulich-gelbe Candali, die den Kopf von einem Körper reißt, in der Rechten *sein* Herz hält und mit der Linken den Körper verspeist; aus dem Nordosten *Deines Gehirns* tritt die azurblau-schwärzliche Smasani, die den Kopf von einem Körper reißt und verzehrt; diese acht Gauri-Mamos der *verschiedenen* Himmelsrichtungen, die die fünf Gefährten, die blutsaufenden Herukas, umgeben, werden aus Deinem eigenen Gehirn hervortreten und vor Dir erscheinen – fürchte Dich nicht vor ihnen!

Oh Edler ..., aus dem äußeren Kreis um jene *herum* werden *anschließend* die acht Pisacis der acht Friedhöfe hervortreten und vor Dir erscheinen: Aus dem Osten die schwarze, löwenköpfige Singamukha, die beiden Arme vor der Brust verschränkt, eine Leiche im Maul haltend und ihre Mähne schüttelnd; aus dem Süden die rote, tigerköpfige Vyaghrimukha, die Arme abwärts *hängend* verschränkt, mit starrem Blick und gefletschten Fangzähnen; aus dem Westen die schwarze, fuchsköpfige Srgalamukha, in der Rechten ein Rasiermesser und in der Linken Eingeweide haltend, die sie verzehrt, das *herausfließende* Blut aufleckend; aus dem Norden die azurblau-schwärzliche wolfsköpfige Svanamukha, mit beiden Händen eine Leiche zum Maul führend und mit hervorquellenden Augen auf sie starrend; aus dem Südosten die weißlich-gelbe geierköpfige Grdhramukha, eine große Leiche über die Schulter geworfen und ein Skelett in den Händen haltend; aus dem Südwesten die rötlich-schwarze milanköpfige Kankamukha, die eine große Leiche über der Schulter trägt; aus dem Nordwesten die schwarze, rabenköpfige Kakamukha, die in der Linken eine Schädelschale und in der Rechten ein Schwert hält, während sie ein Herz und eine Lunge verschlingt; aus dem Nordosten die azurblaue eulenköpfige Ulumukha, die in der Rechten einen Dorje und in der Linken ein Schwert hält und Fleisch frißt; diese acht Pisacis der Friedhöfe, die aus Deinem eigenen Gehirn hervortreten und Dir erscheinen, sind ebenfalls von blutsaufenden Herukas umgeben. Habe keine Furcht *vor ihnen!* Erkenne vielmehr, was immer auch erscheint, als natürlichen Ausdruck Deines eigenen Gewahrseins *bzw. als Deine eigenen* Projektionen.

Oh Edler ..., wenn nun die vier Torwächterinnen aus Deinem eigenen Gehirn hervortreten und vor Dir selbst erscheinen, solltest Du sie erkennen. Aus dem Osten Deines Gehirns tritt nun die weiße pferdegesichtige Ankusa, in der Linken eine mit Blut gefüllte Schädelschale *und in der Rechten einen* Eisenhaken haltend, hervor und erscheint vor Dir; aus dem Süden *Deines Gehirns* tritt die gelbe schweinsgesichtige Pasa, die eine Schlinge *und eine mit Blut gefüllte Schädelschale* hält, hervor; aus dem Westen tritt die rote löwengesichtige Srnkhala, die eine Eisenfessel *und eine mit Blut gefüllte Schädelschale* hält, hervor; aus dem Norden tritt die grüne schlangengesichtige Ghanta, die eine Glocke *und eine mit Blut gefüllte Schädelschale* trägt, hervor; indem diese vier Torwächterinnen aus Deinem eigenen Gehirn vor Dich treten, solltest Du sie als *Deine* Yidam-Gottheiten erkennen!"

Der vierzehnte Tag

„Oh Edler ..., nachdem Dir die dreißig zornvollen Herukas begegnet sind, werden *am vierzehnten Tag* die achtundzwanzig Durgas, die mit unterschiedlichen Köpfen ausgestattet sind und verschiedene Waffen tragen, aus Deinem Gehirn hervortreten und vor Dir erscheinen. Du solltest sie nicht fürchten, sondern sämtliche Erscheinungen als natürlichen Ausdruck Deines *eigenen* Gewahrseins *bzw. als Deine eigenen* Projektionen erkennen! Zu diesem Zeitpunkt, an dem es von allergrößter Bedeutung ist, *die Wanderung* des Geistes anzuhalten, solltest Du Dir die mündlichen Unterweisungen Deines Lama ins Gedächtnis rufen! Oh Edler ..., aus dem Osten treten die violett-schwärzliche Yakköpfige Rakshasi, einen Dorje [*der dieser Übersetzung zugrunde-*

liegende Blockdruck spricht hier von einer Schädelschale] in der *rechten* Hand haltend; die rötlich-goldene schlangenköpfige Brahmani, die einen Lotus in der *rechten* Hand hält; die grünlich-schwarze leopardenköpfige Mahadevi, die einen Dreizack in der *rechten* Hand hält; die blaue wieselköpfige Vaishnavi, die ein Rad in der rechten Hand hält; die rote schneebärenköpfige Kumari, die einen Speer in der *rechten* Hand hält; die weiße braunbärenköpfige Indrani, die eine Schlinge aus Gedärmen in der *rechten* Hand hält; so treten die Yoginis des Ostens aus dem Inneren Deines eigenen Gehirns hervor und erscheinen vor Dir. Fürchte sie nicht!

Oh Edler ..., aus dem Süden tritt die gelbe fledermausköpfige Vajri, ein Rasiermesser in der *rechten* Hand haltend; die rote seeungeheuerköpfige Shanti, die eine Vase in der *rechten* Hand hält; die rote skorpionköpfige Amrita, die einen Lotus in der *rechten* Hand hält; die weiße falkenköpfige Candra, einen Dorje in der *rechten* Hand haltend; die grünlich-schwarze fuchsköpfige Danda, einen Stock in der *rechten* Hand haltend; die gelblich-schwarze tigerköpfige Rakshasi, eine mit Blut gefüllte Schädelschale in der *rechten* Hand haltend; so treten aus dem Inneren Deines eigenen Gehirns die Yoginis des Südens hervor und erscheinen vor Dir. Du solltest keine Furcht vor ihnen haben!

Oh Edler ..., aus dem Westen treten die rötlich-grüne geierköpfige Bhaksini, eine Keule in der *rechten* Hand haltend; die rote pferdeköpfige Rati, einen Kadaver in der *rechten* Hand haltend; die weiße [*im dieser Übersetzung zugrundeliegenden Blockdruck heißt es hier rote*] garudaköpfige Mahabali, einen Stab in der *rechten* Hand haltend; die rote [*im dieser Übersetzung zugrundeliegenden Blockdruck heißt es hier gelbe*] hundeköpfige Rakshasi, ein Dorje-Haumesser in der *rechten* Hand haltend; die rote wiedehopfköpfige Kama, die mit beiden Händen Pfeil und Bogen zum Schuß gespannt hält; die grüne hirschköpfige Vasuraksha, eine Vase in der *rechten* Hand haltend; so treten aus dem Inneren Deines eigenen Gehirns die Yoginis des Westens hervor und erscheinen vor Dir. Du solltest keine Furcht vor ihnen haben!

Oh Edler ..., aus dem Norden treten die blaue wolfsköpfige Vayudevi, eine Flagge schwenkend; die rote steinbockköpfige Nari, die einen spitzen Pfahl in der *rechten* Hand hält; die schwarze sauköpfige Varahi, die eine Kette aus Fangzähnen in der *rechten* Hand hält; die rote rabenköpfige Vajri, eine Kinderleiche in der *rechten* Hand haltend; die grünlich-schwarze elefantenköpfige Mahahastini, eine große Leiche in der *rechten* Hand haltend und Blut saufend; die blaue schlangenköpfige Varunadevi, eine Schlinge aus Schlangen in der *rechten* Hand haltend; so treten aus dem Innern Deines eigenen Gehirns die sechs Yoginis des Nordens hervor und erscheinen vor Dir. Du solltest keine Furcht vor Ihnen haben!

Oh Edler ..., *nun* werden die vier Torwächterinnen aus Deinem Gehirn hervortreten und vor Dir erscheinen: Aus dem Osten tritt die weiße kuckucksköpfige Vajri, einen Eisenhaken in der *rechten* Hand haltend; aus dem Süden die gelbe ziegenköpfige Vajri, eine Schlinge in der *rechten* Hand haltend; aus dem Westen die rote löwenköpfige Vajri, einen Eisenriemen in der *rechten* Hand haltend; aus dem Norden die grünlich-schwarze schlangenköpfige Vajri, eine Glocke in der *rechten* Hand haltend; so treten aus dem Innern Deines eigenen Gehirns die sechs Torwächterinnen hervor und erscheinen vor Dir. Du solltest keine Furcht vor Ihnen haben! Weil die achtundzwanzig Yoginis sowie die zornvollen Herukas der natürliche Ausdruck von spontan entstehenden Manifestationen sind, die vor Dir erscheinen, solltest Du sie *als solche* erkennen.

Oh Edler ..., die friedlichen Gottheiten erscheinen als Ausdruck der Leerheit *aus dem* Dharmakaya *heraus*; dies solltest Du erkennen! Die zornvollen Gottheiten erscheinen als Ausdruck der Klarheit *aus dem* Dharmakaya *heraus*; dies solltest Du - erkennen! Indem Du zu dieser Zeit, da die achtundfünfzig blutsaufenden *Gottheiten* aus dem Inneren Deines eigenen Gehirns heraustreten und vor Dir erscheinen, erkennst, daß sämtliche

Erscheinungen die natürliche Ausstrahlung Deines eigenen Gewahrseins sind, wirst Du augenblicklich untrennbar von den blutsaufenden *Gottheiten* die Buddhaschaft realisieren.

Oh Edler ..., wenn Du sie nicht *als Selbstausdruck Deines eigenen Gewahrseins* erkennst, sondern Furcht vor ihnen hast und vor ihnen flüchtest, wirst Du zu einer weiteren Zunahme der Leiden weiterwandern. Wenn Du sie nicht *als Selbstausdruck Deines eigenen Gewahrseins* erkennst, wirst Du sämtliche blutsaufenden Gottheiten als *den Todesgott* Yama sehen, und Du wirst *noch mehr* Furcht vor all den blutsaufenden Gottheiten bekommen. Du wirst von Angst und Schrecken überwältigt werden und das Bewußtsein verlieren. Indem sich Deine Projektionen in Dämonen verwandeln, wirst Du in der bedingten Existenz *von Samsara* weiterwandern. Wenn Du *jedoch* weder Angst noch Panik *vor den blutsaufenden Gottheiten und den Yoginis* hast, wirst Du nicht mehr in der bedingten Existenz *von Samsara* weiterwandern.

Oh Edler ..., auch wenn die größten Manifestationen jener friedlichen und zornvollen *Gottheiten so groß* wie der ganze Raum sind, die mittleren *von ihnen so groß* wie der Berg Meru und selbst die kleinsten *von ihnen wie* achtzehn übereinandergestellte *Körper von* Dir selbst, solltest Du durch jene nicht in Panik geraten! Die ganze äußerliche Welt erscheint als Lichter und Körper; indem Du erkennst, daß sämtliche Erscheinungen, die als Lichter und Körper erscheinen, die natürlichen Ausstrahlungen Deines eigenen Gewahrseins sind, wirst Du untrennbar mit den Lichtern und Körpern verschmelzen und die Buddhaschaft realisieren.

Oh Edler ..., erkenne doch, daß sämtliche sichtbaren Erscheinungen, die Angst und Schrecken in Dir hervorrufen – welche immer es auch sein mögen – Deine eigenen Projektionen sind, und fürchte Dich nicht! Du solltest sie als die natürliche Ausstrahlung des von Dir selbst erfahrenen Klaren Lichtes erkennen! Wenn Du sie derart erkennst, wirst Du ohne jeden Zweifel augenblicklich die Buddhaschaft realisieren. Jener Akt *der Transformation* zur vollkommenen Buddhaschaft in einem einzigen Moment wird dann am heutigen *vierzehnten* Tag geschehen. Daran solltest Du denken! Oh Edler ..., wenn Du dies nun nicht erkennst und in Panik gerätst, werden Dir sämtliche friedlichen Gottheiten *des Bardo* in Gestalt des schwarzen Schützers *Mahakala* erscheinen, und sämtliche zornvollen *Gottheiten des Bardo* werden Dir in Gestalt des Dharma-Königs Yama [*d.i. der Herr des Todes*] erscheinen, und indem Deine eigenen Projektionen zu Dämonen werden, wirst Du weiter in der bedingten Existenz *von Samsara* umherwandern.

Oh Edler ..., wenn Du Deine eigenen Projektionen nicht erkennst, wirst Du – selbst wenn Du sämtliche Unterweisungen, Sutras und Tantras studiert und *ein ganzes* Kalpa lang den Dharma praktiziert haben solltest – *den Zustand* eines Buddha nicht realisieren; wenn Du *sie jedoch als* Deine eigenen Projektionen erkennst, wirst Du durch diesen einzigen essentiellen Punkt bzw. dieses einzige ‚Wort' [*d.h. durch diese Anweisung*] die Buddhaschaft erlangen. Erkennst Du *sie jedoch* nicht als Deine eigenen Projektionen, dann werden sie *Dir*, sobald Du gestorben bist, während des Bardo des Todes in Gestalt des Dharma-Königs Yama erscheinen. Die größten Manifestationen des Dharma-Königs Yama *von der Größe* des ganzen Raumes und seine mittelgroßen Manifestationen *von der Größe* des Berges Meru füllen das ganze Universum aus. Mit auf die Unterlippe beißenden Hauzähnen, glasigem Blick, auf dem Kopf zusammengebundenen Haaren, riesigen Bäuchen und dünnen Hälsen, Tafeln in den Händen, *auf denen das Karma des Verstorbenen vermerkt ist*, Todesschreie ausstoßend, Hirne schlürfend, Köpfe von Körpern reißend und Eingeweide hervorzerrend erscheinen sie und füllen das ganze Universum aus.

Oh Edler ..., wenn Dir solche Projektionen heraufdämmern, solltest Du nicht von Angst und Schrecken überwältigt sein! Weil Du *lediglich* einen aus den Gewohnheitstendenzen *vergangener Existenzen erzeugten* Geistkörper hast, gibt es nichts, was Deinen Tod verursachen könnte, selbst wenn Du erschlagen und zerschnitten werden solltest. Du brauchst sie *zudem* nicht zu fürchten, weil Du einen Körper hast, der tatsächlich die Leerheit ist. Weil überdies die Herren des Todes der natürliche Ausdruck Deines eigenen Gewahrseins sind, existiert *jetzt* nichts *für Dich*, was *irgendwie* materiell wäre. Durch die Leerheit kann die Leerheit nicht geschädigt werden! Sei Dir dessen sicher, daß – der natürliche Ausdruck Deines eigenen Gewahrseins ausgenommen – *sämtliche* Erscheinungen wie die *scheinbar* äußerlich in Erscheinung tretenden friedvollen Gottheiten, die zornvollen Gottheiten, die blutsaufenden *Gottheiten*, die Torwächterinnen, die Regenbogenlichter, die überaus ängstigenden Manifestationen des Herrn des Todes usw. in keinster Weise materiell existieren! Wenn Du Dir dessen sicher bist, wirst Du untrennbar damit, spontan von aller Furcht und Panik befreit zu sein, verschmelzen und zu einem Buddha werden. Wenn Du *sie* in jener Weise *als Deine eigenen Projektionen* erkennst, sind sie Deine Yidam-Gottheiten.

Du solltest mit sehnender Hingabe denken: ‚Sie sind gekommen, um mich über die gefährliche Gratwanderung des Bardo hinüberzugeleiten; *zu Ihnen* nehme ich Zuflucht.' Rufe Dir die Drei Juwelen *Buddha, Dharma und Sangha* in Erinnerung! Wer auch immer Dein Yidam sein möge, rufe ihn Dir in Erinnerung! Rufe sie beim Namen und mache *folgendes* Wunschgebet: ‚Während ich im Bardo umherirre, gewähre mir – wenn *Du* anwesend bist – *Deine* Unterstützung! Übermittle *mir Dein* Mitgefühl, kostbarer Yidam!' Rufe auch den Namen *Deines* Lama und richte *folgendes* Wunschgebet *an ihn*: ‚Während ich *nun* im Bardo umherirre, bitte gewähre mir – wenn *Du* anwesend bist – *Deine* Unterstützung! Übermittle *mir Dein* Mitgefühl, ...' Nimm auch zu den blutsaufenden Gottheiten Zuflucht und richte ein hingebungsvolles Gebet *an sie*:

‚Wehe! Zu *dieser* Zeit, da ich aufgrund meiner *negativen* Gewohnheitstendenzen in der bedingten Existenz *von Samsara* umherirre, geleitet mich auf dem Pfad des *Klaren* Lichts, der *mich* der Schrecken, Ängste und der Panik, die durch die Visionen *des Bardo hervorgerufen werden*, entsagen läßt, ihr friedlichen und zornvollen Buddhas! Mögen mich die zornvollen weiblichen Gottheiten ‚des Reichtums an Raum' dabei im Rücken beschützen! Bitte *helft mir* bei der Überquerung des gefahrvollen Übergangs des Bardo und geleitet mich zur Stufe der vollkommen vollendeten Buddhaschaft! Da ich *nun* getrennt von lieben Freunden einsam umherirre und mir hier die Visionen meiner leeren Projektionen erscheinen, möge die Kraft des Mitgefühls der Buddhas auf mich fallen und die Furcht des schrecklichen, ängstigenden Bardo von mir nehmen! Möge ich, wenn hier die fünf Klaren Lichter der Weisheit aufscheinen, weder von Angst noch von Schrecken *überwältigt werden* und sie *als solche* erkennen! Während ich *nun* durch die Kraft schlechten Karmas Leiden erfahren muß, befreie mich von *diesen* Leiden, *oh* Yidam-Gottheit! Während der Eigenklang der Soheit *laut* wie tausend Donner *erklingt*, möge sich alles in den Klang der sechs Silben [*das Mantra Chenrezigs OM MANI PEME HUNG*] verwandeln! Da ich jetzt meinem Karma nachfolge, das *mich* keine Zuflucht *finden läßt*, sei *Du mir* bitte eine Zuflucht, Herr des großen Mitgefühls [*d.i. die Yidam-Gottheit Chenrezig*]! Während ich die Leiden, die aus meinen *schlechten* Gewohnheitstendenzen *erwachsen*, erfahren muß, möge mir die ‚meditative Versenkung' (skrt: Samadhi; tib: ting.nge.'dzin) des Segens des Klaren Lichts aufgehen! Mögen mir die Bereiche der fünf Elemente [*d.s. Erde, Wasser, Feuer, Wind und Raum*] nicht als Dämonen erscheinen, sondern möge ich die Reinen Länder der Buddhas der fünf *Buddha*-Familien sehen!'

Bringe dieses Wunschgebet mit tiefer Hingabe und Respekt dar! Es ist von größter Bedeutung, *dabei* nicht zerstreut zu sein, denn indem Deine Panik und Deine Angst nachlassen, wirst Du mit Gewißheit zu einem Samboghakaya-Buddha werden."

Dieses Wunschgebet sollte klar ausgedrückt drei bzw. sieben Mal wiederholt werden; wie schwerwiegend die negativen Handlungen *des Verstorbenen zu Lebzeiten* und wie negativ *seine* karmischen Resultate auch immer gewesen sein mögen, so ist es *doch* unmöglich, daß *dann* die Befreiung nicht erlangt wird. Jene *jedoch*, die – obwohl all dies *für sie* getan wurde – nicht zur Erkenntnis gelangen, *daß die Erscheinungen des Bardo ihre eigenen Projektionen sind*, müssen in den dritten Bardo-Zustand – den Bardo der Wiedergeburt – weiterwandern; deshalb werden *auch* jene im folgenden im Einzelnen angeleitet.

Schlußbemerkungen zum Bardo des Todes

Gleichgültig ob man sich zu Lebzeiten viel oder wenig Meditationspraxis *angeeignet hat* – weil im Tod *dennoch* die unterschiedlichsten Illusionen mannigfach *entstehen*, gibt es außer *diesem Text* ›Die Befreiung durch Hören‹ keine Methode, *die Verstorbenen zu unterstützen*.

Wer sehr vertraut mit Meditation ist, dem wird – wenn Körper und Geist sich trennen – die Soheit (skrt: Dharmata; tib: chos. nyid) aufgehen. Wer zu Lebzeiten im Erkennen mittels *seines* Gewahrseins weit fortgeschritten war und darin Erfahrungen gesammelt hat, wird im Bardo des Sterbens das Aufscheinen des Klaren Lichts sehr kraftvoll erleben; deshalb ist es von außerordentlicher Wichtigkeit, zu Lebzeiten *das Ruhen in der Leerheit* zu praktizieren. Zudem werden diejenigen, die zu Lebzeiten die Entstehungsphase und die Verschmelzungsphase der *Yidam*-Gottheiten, die ihnen *von ihrem Lama* mündlich übertragen worden sind, *ausgiebig* meditierten, im Verlauf des Bardo des Todes die Erscheinung der Visionen der friedlichen und zornvollen *Gottheiten* sehr kraftvoll erleben; deshalb ist es von so großer Bedeutung, sich auch *schon* zu Lebzeiten insbesondere diesen Text ›Die Befreiung durch Hören im Bardo‹ zu Herzen zu nehmen, ihn in Erinnerung zu halten, ihn *laut* zu lesen, ihn mit Erkenntnis *zu durchdringen*, ihn sich regelmäßig einzuprägen, ihn täglich drei Mal zu lesen und sich die Bedeutung seiner Worte außerordentlich klar zu machen, damit man die Bedeutung seiner Worte nicht *einmal* dann aus dem Geist verliert, wenn viel mehr als hundert Henker erschienen sind, *um Dich hinzurichten. Dieser Text wird* ›Die große Befreiung durch Hören‹ genannt, weil selbst Menschen, die *eine der* fünf ‚unsühnbaren Handlungen' [*Vatermord, Muttermord, religiöse Entzweiung in großem Maßstab, einen Arhat zu töten oder das Blut eines Buddha zu vergießen*] begangen haben, selbst wenn sie ihn lediglich mit ihren Ohren hören, mit Gewißheit *im Sterben oder während des Bardo des Todes* die Befreiung erlangen werden. Deshalb sollte *dieser Text* auch in großen Menschenansammlungen verlesen und *überall* verbreitet werden! Selbst wer *diesen Text* auf diese Weise *zu Lebzeiten* nur ein einziges Mal – ohne seine Bedeutung zu erfassen – gehört hat, wird sich während des Bardo-Zustandes, in dem sein Gewahrsein [*das nicht mehr an einen groben physischen Körper gebunden ist und sich deshalb nicht mehr mit seinem Körper und seiner persönlichen Biographie identifizieren kann*] neun Mal klarer geworden ist, daran erinnern, ohne nur ein einziges Wort vergessen zu haben! Aus diesem Grund sollte man *diesen Text* allen zu Lebzeiten zu Gehör bringen; man sollte *ihn* am Lager sämtlicher Kranken verlesen; man sollte *ihn* in der Nähe sämtlicher Leichname lesen; man sollte *ihn* weithin verbreiten!

Dieser Lehre zu begegnen stellt einen außerordentlichen Glücksfall dar! Es ist – außer für jene, die Verdienst angesammelt und *ihre* Verschleierungen gereinigt haben – *sehr* schwierig, *ihr* zu begegnen. Selbst wenn man *ihr* begegnet, ist es *noch* schwierig, sie *zu Lebzeiten* intellektuell zu erfassen; *nur* wer sie hört, ohne von falschen Sichtweisen vereinnahmt zu sein, hat die Fähigkeit, die Befreiung zu erlangen – aus diesem Grund soll man *dieser Lehre* die allergrößte Wertschätzung entgegenbringen! *Diese Lehre* stellt die Quintessenz sämtlicher Lehren dar. Hiermit sind die Anleitungen zum Bardo des Todes, die lediglich aufgrund des Hörens der Bardo-Unterweisungen die Befreiung *bewirken* bzw. die lediglich aufgrund des Sich-Befassens mit *den Bardo-Unterweisungen* die Befreiung *bewirken* – die sog. ›Große Befreiung durch Hören‹ – abgeschlossen.

Der Siddha, ‚das Haupt *sämtlicher* Bodhisattvas, der wie Sonne und Mond ist', der Siddha Karma Lingpa fand *diesen Text* in der Nähe des goldenen Flusses am Berg Gampodar, wo die *Länder der* Götter bewässert werden, *als sog. Schatztext* aus einem geheimen Ort gezogen, durch jenen an seinen Schüler ‚Chöje Lingpa' als mündliche und schriftliche Übertragung anvertraut, kontinuierlich bis auf den Guru Surya Chandra übertragen.

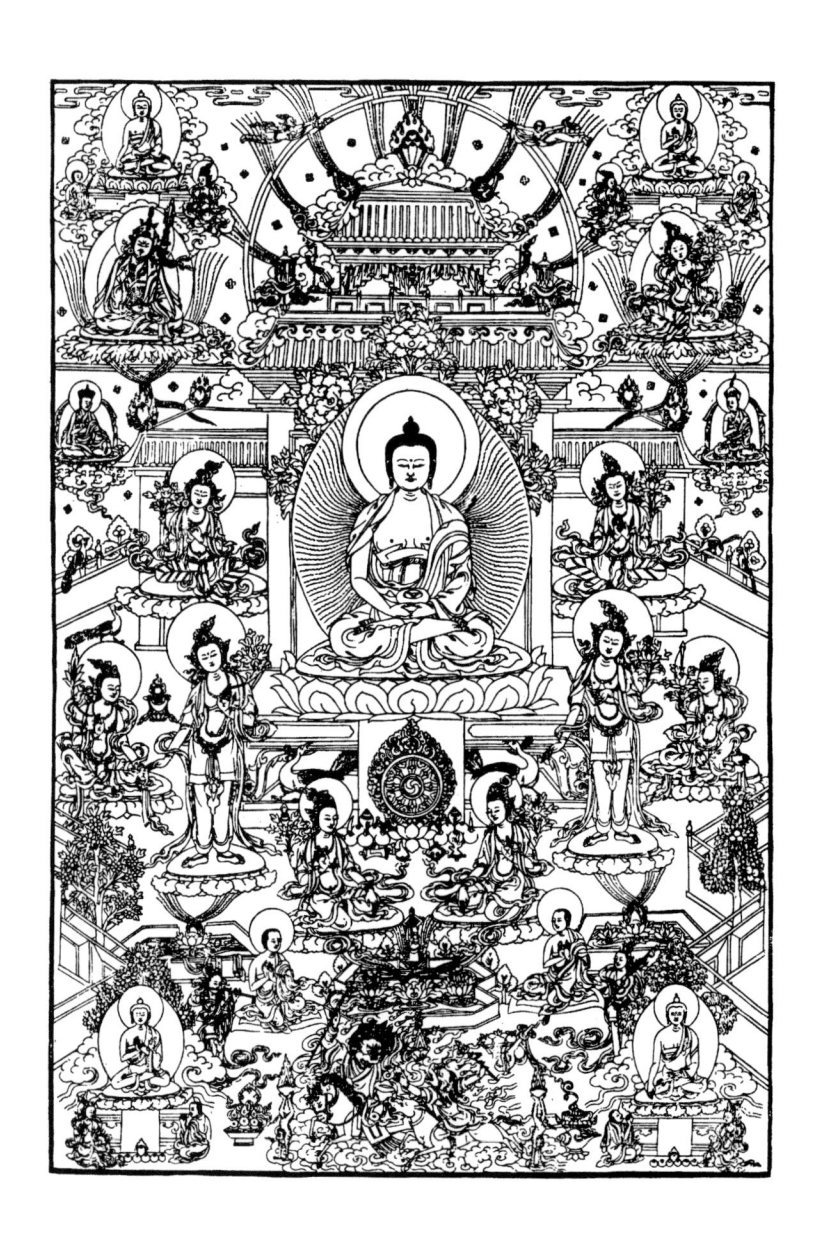

Dewachen – *Buddha Amitabhas Reines Land*

Aus den tiefgründigen Belehrungen, die die Selbstbefreiung durch Meditation auf die friedlichen und zornvollen Gottheiten des Bardo bewirken:

Die tiefgründigen Lehren zur Selbstbefreiung durch die Reflektion der friedlichen und zornvollen Gottheiten

Die sogenannten ›Anweisungen zur Wiedergeburt‹

in der Übersetzung aus dem Tibetischen von
Albrecht Frasch

In einer Wort-für-Wort-Übersetzung aus dem Tibetischen. Der Übersetzung lag ein Blockdruck zugrunde, der im Jahre 1995 von Könchog Lhadrepa in der tibetischen Kolonie ‚Majnu-Ka-Tilla‘ bei New Delhi/India gedruckt und verlegt worden ist. Der Übersetzer bedauert etwaige Fehler und hofft, daß sie vom Nutzen seiner Arbeit übertroffen werden mögen.

Einleitenden Bemerkungen

Nicht nur der Bardo des Todes, sondern auch der Bardo der Suche nach einer Wiedergeburt in Samsara ist in erster Linie durch die karmischen Handlungen unserer vergangenen Existenzen, wie sie durch die ‚zwölf Glieder des Entstehens in gegenseitiger Abhängigkeit' ihren Ausdruck finden, bestimmt. Der Bardo der Suche nach einer Wiedergeburt in Samsara ist als die Periode, die vom erneuten Einsetzen konfuser Gewohnheitstendenzen ihren Ausgang nimmt und bis zum Eintritt in eine mütterliche Gebärmutter andauert, definiert. Nur relativ ungeübte Praktizierende, die weder während ihres Lebens, ihres Sterbens noch während des Bardo des Todes die Befreiung realisieren konnten, müssen den Bardo der Suche nach einer Wiedergeburt in Samsara durchlaufen; fortgeschrittene Praktizierende konnten bereits in früheren Stadien des Sterbe- und Todesprozesses die Befreiung erlangen und langen folglich gar nicht an diesem Stadium der Suche nach einer erneuten Verkörperung an. Doch auch um *mit der Hilfe dieses Textes* während dieses letzten Bardo der Wiedergeburt die Befreiung zu erlangen, bedarf man vorheriger Unterweisung und einer in Fleisch und Blut übergegangenen Übung in der entsprechenden Praxis. Zumindestens sollte sich das Zwischenzustandswesen an die Belehrungen erinnern, die es zu Lebzeiten empfangen hat – seien dies Belehrungen zu Mahamudra, Dzogchen oder zum Madhyamaka, und es sollte das ‚Sohn-Klare Licht', das es zu Lebzeiten realisierte – d.i. gemäß der Madhyamaka-Belehrungen eine innere Achtsamkeit bzw. ein Gewahrsein, das bar jeglicher mentaler Fabrikationen [*d.s. gedankliche Konstruktionen*] bzw. jenseits von Entstehen und Vergehen, von singulärer und vielheitlicher Existenz, von Dauerhaftigkeit und Vergänglichkeit sowie von Kommen und Gehen ist [*d.s. die sog. acht Arten gedanklicher Konstruktionen*], das weder existiert noch nicht existiert, weder gleichzeitig existiert und nicht-existiert noch weder existiert noch nicht existiert [*d.s. die sog. vier Extreme*] – erneut in sich wachrufen können. Gemäß den Praxisanweisungen des Mahamudra oder des Dzogchen ist es das Ruhen im ‚Sohn-Klaren Licht' bzw. das Ruhen in einer meditativen Versenkung (skrt: Samadhi; tib: ting.nge.'dzin), das eine Wiedergeburt in einem Reinen Land ermöglicht. In anderen Worten: Wenn zwar die Verschleierung der störenden Gefühle, nicht aber die Verschleierung dualistischer Erkenntnis und die Verschleierung der Gewohnheitstendenzen gereinigt werden konnte, bietet sich dem Praktizierenden die Gelegenheit, in einem Reinen Bereich bzw. in einem Buddhafeld die Praxis der Erkenntnis der Essenz des Geistes fortzusetzen, bis die vollkommene Buddhaschaft realisiert worden ist.

Der Bardo der erneuten Verkörperung ist wie ein Traum: Er scheint nur eine sehr kurze Zeit in Anspruch zu nehmen; deshalb ist es besonders wichtig, während dieser kurzen Periode frei von Furcht und Anhaftung zu sein, sich stattdessen an die kostbaren Belehrungen zu erinnern, die man zu Lebzeiten erhalten hat, und Bittgebete an den Wurzellama zu richten. Es ist die Kraft der Hingabe an den Wurzellama, die bewirkt, daß man dessen Segen tatsächlich erhält. Das Zusammenwirken der folgenden drei Ursachen – nämlich der Segen des eigenen spirituellen Lehrers, die Erinnerung sowie die Praxis der Instruktionen *über die Natur des eigenen Geistes, die man zu Lebzeiten empfangen hat*, und die Kraft, die der *wahren* Natur der Phänomene innewohnt – macht es einem möglich, in einem natürlichen Nirmanakaya-Bereich eines der fünf *Dhyani*-Buddhas wiedergeboren zu werden, so als ob man von einem Traum erwachte.

Das Bewußtsein gewöhnlicher Wesen – unfähig dazu, in der Natur ihres eigenen Geistes zu ruhen, wenn sie sterben und danach während der verschiedenen Stadien des Bardo des Todes – nimmt aufgrund seiner starken Verhaftung in den sog. Gewohnheitstendenzen die Form eines mentalen Geistkörpers an, der auch den Bardo der Suche nach einer Wiedergeburt in der bedingten Existenz von Samsara durchläuft; während seiner Suche nach irgendeiner Möglichkeit zur Wiederverkörperung ist das Bewußtsein des Zwischenzustandswesens allerdings den unerträglichsten Leiden, Ängsten und Zuständen der Verzweiflung ausgesetzt. Obwohl sich die wahre Natur des eigenen Geistes im Klaren Licht des Todes, den verschiedenen Manifestationen von Lichtern, Farben und Tönen sowie in den verschiedenen friedlichen und zornvollen Gottheiten des Bardo offenbarte, erkennen gewöhnliche [*d.h. nicht in Meditation geübte*] Individuen jene nicht als Entäußerungen der wahren Natur des eigenen Geistes, sondern versuchen, diesen überwältigenden und unerträglich reinen Erscheinungen zu entkommen, bis sie sich schließlich im Sog ihres Schrekkens verlieren und das Bewußtsein verlieren. Nachdem diese Flucht im Bardo des Todes fortgesetzt wird, langen diese Wesen letztlich im sog. Bardo der Suche nach einer Wiedergeburt in der bedingten Existenz von Samsara an. Deshalb ist es schlußendlich diese Tendenz zum Zurückweichen vor den reinen Erscheinungen zurück in einen dualistischen Geisteszustand und die Tendenz der Vermeidung der Erkenntnis von der wahren Natur des eigenen Geistes, die die Ursache für eine erneute Geburt in einem der sechs Bereiche der bedingten Existenz ausmacht.

Nur solche Individuen, die in ihrer meditativen Praxis sehr fortgeschritten sind, und diejenigen, die extrem negative Handlungen begangen haben, müssen den Bardo der Suche nach einer Wiedergeburt in der bedingten Existenz von Samsara nicht durchlaufen; erstere, weil sie im Sterben oder während des Bardo des Todes bereits die Befreiung erlangt haben, und letztere, weil sie nach dem Sterben direkt in Höllenbereiche gelangen. Und ebenfalls solche Wesen, die durch ihre Meditation in einen der vier Formlos-Bereiche gelangen, nehmen dort spontan Geburt an. Alle anderen Wesen müssen nach dem Durchschreiten des Bardo des Todes den Bardo der Suche nach einer Wiedergeburt in der bedingten Existenz von Samsara durchlaufen.

Als Richtwert für die Dauer des Verbleibs im Bardo der Suche nach einer Wiedergeburt in der bedingten Existenz von Samsara wird allgemein eine Dauer von neunundvierzig Tagen angegeben, wobei nach jeweils sieben Tagen ein kleiner Tod und anschließend ein Wiedereintritt in diesen Bardo erfolgt; manche Wesen verweilen lediglich für sieben Tage in diesem Bardo, andere dagegen für viele Monate oder Jahre.

Ungeheurer Nutzen entsteht daraus, wenn andere Personen spirituelle Praxis für das Wohl eines verstorbenen Wesens ausüben; dieser Nutzen ist besonders groß, wenn dies in den ersten vier Tagen nach dessen Verscheiden geschieht. Insbesondere das laute Verlesen der Belehrungen, die ›Die Befreiung durch Hören im Zwischenzustand‹ genannt werden, durch einen nahen Dharmafreund ist dann von enormem Nutzen. Auch der Nutzen, der durch Dharmapraxis zum Besten des Verschiedenen in den kommenden neunundvierzig Tagen, in denen er *höchstwahrscheinlich* den Bardo der Suche nach einer Wiedergeburt in der bedingten Existenz von Samsara durchläuft, ist gewaltig. Die größte Wahrscheinlichkeit für den Verstorbenen, die Befreiung zu erlangen, ist jeweils sieben Tage *nach Einsetzen dieses Bardo* gegeben. Den höchsten Nutzen erreicht man dadurch, daß man einen verwirklichten Meditationsmeister der tibetischen Tradition des Buddhismus bittet, zum Nutzen des Verstorbenen, bestimmte Rituale zu vollziehen, deren Verdienst dem Verstorbenen gewidmet werden; ist ein solcher Meditationsmeister nicht greifbar, sollte zumindestens jemand mit reiner Motivation bestimmte *Gebete und* Sutras rezitieren, Opferungen an erleuchtete Wesen vornehmen usw. und das so angesammelte Verdienst dem Verstorbenen widmen. Auch das Ausüben verdienstvoller Handlungen [*das Üben von materieller Großzügigkeit, das Beschützen vor Ängsten, die Vermittlung der buddhistischen Lehre an Individuen, die ihrerseits aufrichtig an ihr interessiert sind, jegliches moralisches Verhalten, die Ausübung spezieller meditativer Praktiken usw.*] und das anschließende Widmen des Verdienstes an den Verstorbenen – sofern mit aufrichtiger Motivation ausgeübt – ist außerordentlich nützlich. Die Reinheit der Motivation des Widmenden ist deshalb unverzichtbar, weil der Verstorbene dessen Geist ‚lesen' kann und über eine Hellsicht verfügt, die ihn erkennen läßt, welcher positive Effekt aus dieser Handlung erwächst.

Es ist leichter, die wahre Natur des eigenen Geistes – das Klare Licht – im Verlauf des Bardo des Todes oder des Bardo der Suche nach einer Wiedergeburt in der bedingten Existenz von Samsara zu erkennen, als es innerhalb des Bardo dieses Lebens zu realisieren; dies liegt daran, weil der Geist während des Lebens an einen physischen Körper aus Fleisch und Blut gebunden ist, wodurch er die ihm innewohnenden Fähigkeiten nicht ungehindert ausdrücken kann: Durch die Verbindung mit einem Körper ist der Geist unfrei! Während der beiden Bardos des Todes und der Suche nach einer Wiedergeburt in der bedingten Existenz von Samsara jedoch ist der Geist nicht durch ein Behältnis gegründet bzw. gefesselt, so daß er *die wahre eigenen Natur* sehr viel leichter erkennen, diese Erkenntnis sodann stabilisieren und schließlich die Befreiung erlangen kann.

Die Hauptursache dafür, daß es dem Bewußtseinsstrom nicht gelingt, im Verlauf des Bardo der Suche nach einer Wiedergeburt in der bedingten Existenz von Samsara die Befreiung zu erlangen, ist ein Mangel an Vertrauen in die ‚Sichtweise' [*d.h. an einem stabilen Verständnis über die Natur der Phänomene auf der absoluten Ebene der Wirklichkeit*]. Auch Anhaftung an die Besitztümer des vergangenen

Lebens oder starke Abneigung irgendetwas oder irgendjemandem gegenüber sind ein starkes Hindernis, da diese negativen Gewohnheitstendenzen auch in den verschiedenen Bardo-Zuständen wieder auftreten und die Befreiung unmöglich machen.

Wenn der Verstorbene zu Lebzeiten geübt hat, mit dem Klaren Licht des Pfades [auch: das Sohn-Klare Licht] vertraut zu werden, bis diese Erfahrung tatsächlich stabil geworden ist, dann wird er – in Abhängigkeit von dem Grad der Stabilität, die er während seines Lebens verwirklicht hatte – entweder zum Zeitpunkt des Sterbens, während des Bardo des Todes oder im Verlauf des Bardo der Suche nach einer Wiedergeburt in der bedingten Existenz von Samsara die Befreiung erlangen. Darüber besteht nicht der geringste Zweifel!

Dennoch sollte nicht der Eindruck entstehen, daß die Befreiung für jedermann zugänglich sei, wenn nur jemand anderes für einen bestimmte Rituale ausführt oder einem einige positive Handlungen widmet; vielmehr muß man sich in diesem Leben – solange man eben noch lebt – auf den Tod vorbereiten, um unabhängig von fremder Hilfe zu sein, wenn man stirbt. Wer kann einem schließlich garantieren, daß ein Dharmafreund oder ein realisierter Meditationsmeister zugegen sein oder zumindestens Kenntnis von dem Umstand erhalten wird, daß man gestorben ist, um daraufhin etwas für einen zu tun? Die Bardos manifestieren sich ausschließlich solchen Individuen, die die letztendliche Wirklichkeit noch nicht erkannt haben bzw. diese Erkenntnis in ihrem Bewußtseinsstrom noch nicht *in ausreichendem Maße* zu stabilisieren vermochten.

Zuletzt sei noch die Mahnung ausgesprochen, die Bardo-Lehren nicht auf die leichte Schulter zu nehmen: Alles, was einem widerfährt, geschieht während eines der sechs ‚Bardo' genannten Zwischenzustände. Außerdem ist es der Sinn und Zweck sämtlicher buddhistischer Lehren, den Wesen zu ermöglichen, ihre Erfahrungen in diesen Bardo-Zuständen dermaßen zu optimieren, daß es ihnen möglich wird, die Befreiung zu erlangen.[1]

---

[1] *Auszug aus Chökyi Nyima Rinpoches ›Bardo Guidebook‹*, RANGJUNG YESHE PUBLICATIONS 1991, S. 147-163; zusammengefaßt und aus dem Englischen übertragen vom Übersetzer

Die Anweisungen zum Bardo der Suche nach einer Wiedergeburt

Vor dem Lama und den Yidam-Gottheiten verbeuge ich mich mit *tiefem* Respekt; mögen sie *meine* Befreiung im Bardo bewirken.

Obschon *der Verstorbene schon* zuvor aus *dem Text* ›Die große Befreiung durch Hören im Bardo‹ zum Bardo des Todes belehrt worden ist, sollen hier die Aufforderungen für den Bardo der *Suche nach einer* Wiedergeburt mit folgenden Worten *präsentiert werden*: Auch wenn *bereits* oben die Anleitungen zum Bardo des Todes vielfach präsentiert worden sind, so ist es *doch* mit Ausnahme *für jene*, die über große Erfahrung in der Meditation des Dharma verfügen oder deren karmische Dispositionen gut *genug* sind, sowie *für jene*, die nicht mit Meditation vertraut sind oder die viele schlechte Taten *auf sich geladen haben*, durch die Kraft *ihrer* Ängste, *ihres* Schreckens und *ihres* schlechten Karma sehr schwierig, die Anweisungen *in die Tat umzusetzen*. Indem sie über den zehnten Tag hinausgehen, soll man zu ihnen folgende Worte sprechen, nachdem man den Drei Juwelen Opferungen dargebracht hat, ein Wunschgebet an die Buddhas und Bodhisattvas gerichtet hat, daß sie *einem* Unterstützung gewähren mögen, und anschließend den Namen des Verstorbenen drei oder sieben Mal ausgerufen hat:

„Oh Edler ..., höre *nun* gut zu und bewahre *dies* in Deinem Geist! Die Körper der Höllenwesen, Götter und Zwischenzustandswesen entstehen durch übernatürliche Geburt. Zur Zeit, als Dir die friedlichen und zornvollen Manifestationen des Bardo des Todes erschienen, hast Du sie nicht *als Projektionen Deines* eigenen *Geistes* erkannt; deshalb bist Du nach dreieinhalb Tagen [*hier spricht der tibetische Blockdruck von fünfeinhalb Tagen*] aufgrund von Panik in Ohnmacht gefallen. Nachdem sich Dein Bewußtsein *wieder* aufklärte, erkennend und klar wurde, bekamst Du einen Körper, der wie Dein voriger ‚von einem Moment auf den anderen' entstand. Dazu heißt es in den Tantras: „Während der *Suche nach einer* Wiedergeburt wird eine fleischliche Form, die der früheren und zukünftigen *gleicht* und mit intakten, *vollkommenen* Sinnesorganen, ungehindert und mit den übernatürlichen Fähigkeiten des Karma ausgestattet ist, *angenommen,* die für die reinen Augen göttlicher Wesen sichtbar ist." Was diesbezüglich den Terminus ‚früher und zukünftig' betrifft, so wird hiermit ein Körper gekennzeichnet, der aufgrund der Gewohnheitstendenzen Deiner *gerade* vergangenen *Existenz Deinem früheren* Körper von Fleisch und Blut gleicht; *dieser* wird wie ein Körper aus dem *sog.* guten Weltzeitalter sein, indem er beispielsweise einige von den Merkmalen *der Wesen dieses Weltzeitalters aufweist* und aus Licht besteht. Weil es sich hierbei um die Manifestation eines Geistkörpers handelt, nennt man ihn den Geistkörper der Verkörperung des Bardo-*Wesens.* Wenn Du zu dieser Zeit als Gott wiedergeboren werden solltest, werden sich *Dir* die göttlichen Bereiche manifestieren; solltest Du als Halbgott, Mensch, Tier, Hungergeist oder Höllenwesen *wieder*geboren werden, werden sich Dir die entsprechenden Bereiche manifestieren. Deshalb heißt es *in diesem Zusammenhang* ‚früher', weil Du bis zu dreieinhalb Tagen *nach Deinem Sterben* aufgrund Deiner früheren Gewohnheitstendenzen denkst, Du hättest eine Form von Fleisch *und Blut*. ‚Künftig' heißt es *in diesem Zusammenhang,* weil sich Dir anschließend je nach Deinem zukünftigen Geburtsort die entsprechenden Orte manifestieren werden; deshalb heißt es ‚früher und zukünftig'. Zu jener Zeit solltest Du – welche Manifestationen auch immer sich Dir darbieten – ihnen keinesfalls nachfolgen noch in irgendeiner Form Anhaftung an sie entwickeln oder Dich von ihnen angezogen fühlen! Wenn Du Anhaftung an sie empfindest bzw. Dich zu ihnen hingezogen fühlst, wirst Du in die sechs Bereiche gezogen werden und *dort* Leiden erfahren. Weil Dir bis gestern der Bardo des Todes erschienen ist, den Du *allerdings* nicht identifizieren konntest, mußtest Du nun hierher weiterwandern. Wenn Du es nun vermagst, das essentielle Kontinuum *der Bewußtheit* unzerstreut aufrechtzuerhalten, solltest Du Dein Gewahrsein, wie Dein Lama es Dir gewiesen hat, als nackte *Einheit von* Leerheit und Klarheit erfahren, so wie der weiter oben *geschilderte* Segen, der durch ausgedehntes Nicht-Ergreifen *irgendwelcher Wahrnehmungsobjekte* sowie durch den Verzicht auf *jegliche* Handlungen *zustandekommt*, dadurch, daß Du *auf diese Weise* nicht in eine Gebärmutter eintrittst, wirst Du die Befreiung erlangen. Wenn Du nicht dazu in der Lage sein solltest, diesen *Zustand* zu identifizieren, solltest Du meditieren, daß Dein Yidam – wer immer dies auch sei – oder Dein Lama an der Krone Deines Kopfes ist, und ernsthaft Respekt, Hingabe und starke Sehnsucht nach ihnen entwickeln. Dies ist von größter Wichtigkeit! Sei nicht abgelenkt!"

Wenn *der Verstorbene* dies realisiert, ist er davon befreit, in den sechs Bereichen der Existenz weiterzuwandern. Ist sein Karma jedoch zu schlecht, dann wird es schwierig für ihn sein, *diesen Zustand* zu identifizieren. Dann spreche man folgende Worte:

„Oh Edler ..., höre wieder zu! ‚Ausgestattet mit intakten Sinnesfakultäten' bedeutet, daß – selbst wenn Du zu Lebzeiten blind, taub oder lahm usw. gewesen sein solltest – Deine Augen nun Formen sehen, Deine Ohren Töne hören usw. können – d.h. alle Deine Sinne unversehrt, klar und vollständig geworden sind; aus diesem Grund heißt es ‚mit vollständigen Sinnesfähigkeiten ausgestattet'. Dies ist ein Zeichen dafür, daß Du gestorben bist und im Bardo umherwanderst; Du solltest dies erkennen und Dich an die mündlichen Belehrungen *Deines Lama über die wahre Natur Deines Geistes* erinnern!"

„Oh Edler ..., ‚ungehindert' bedeutet, daß Du einen Geistkörper hast; weil Dein Gewahrsein *jetzt* von seiner Grundlage – einem substantiellen Körper *aus Fleisch und Blut*, der nicht mehr existiert – getrennt ist, bist Du *nun dazu fähig*, in einem Moment *selbst* durch den Berg Meru [*gemäß den Abhidharma-*

belehrungen die Zentralachse unseres diskusförmigen Universums, die quasi die größte bekannte materielle Masse ausmacht], durch sämtliche Hauswände, Felsenmassen und *ganze* Hügel ungehindert vorwärts und rückwärts zu gehen; nichtsdestotrotz ist es Dir nicht möglich, in eine mütterliche Gebärmutter bzw. nach Bodhgaya [*dem Ort, an dem die vier bisherigen und die tausend künftigen Buddhas Erleuchtung erlangt haben bzw. erlangen werden*] einzutreten, obwohl Du jetzt selbst durch den Berg Meru zu dessen anderer Seite gehen kannst. Da dies ein Zeichen dafür ist, daß Du Dich im Bardo der *Suche nach einer* Wiedergeburt befindest, solltest Du Dich *nun* an die mündlichen Belehrungen Deines Lama *über die wahre Natur Deines Geistes* erinnern und zum ‚Herren des Großen Mitgefühls' [*d.i. Chenrezig*] beten!"

„Oh Edler ..., ‚mit den übernatürlichen Fähigkeiten des Karma ausgestattet' bedeutet, daß Du nun nicht aufgrund des *zu Lebzeiten angesammelten* Verdienstes oder der Siddhis [*skrt. für ‚übernatürliche Fähigkeiten'*], die durch die meditative Versenkung zustandegekommen sind, sondern durch die Kraft des Karma, das in Übereinstimmung mit den Taten *vergangener Existenzen* entstanden ist, die übernatürlichen Fähigkeiten besitzt, *beispielsweise* in einem Moment den mit den vier Kontinenten umgebenen Berg Meru zu umrunden, oder daß Du Dich an jeden erwünschten Ort, an den Du Dich erinnerst, in einem Moment versetzen kannst; Du vermagst in der Zeit dorthin zu gelangen, die eine Person benötigt, um ihren Arm zu beugen und zu strecken. Weder solltest Du Dir diese verschiedenen übernatürlichen Fähigkeiten vergegenwärtigen noch sie Dir *bewußt* nicht vergegenwärtigen. Alles, was Dir *jetzt* in den Sinn kommt, könntest Du jetzt tun, weil Du fähig bist, völlige Ungehindertheit zu demonstrieren; dessen eingedenk solltest Du zu Deinem Lama beten."

„Oh Edler ..., ‚mit den reinen Augen göttlicher Wesen sichtbar' bedeutet, daß Wesen übereinstimmenden Potentials, die im Bardo geboren wurden, sich gegenseitig sehen können. Wenn man *beispielsweise* das übereinstimmende Potential, als ein Gott geboren zu werden, besitzt, kann man *nun* [*d.h. im Bardo der Suche nach einer Wiedergeburt*] von den Göttern gesehen werden. Da es so ist, daß nur solche Wesen einander sehen können, die ebenso in einem der sechs Bereiche der Existenz – welcher immer es auch sei – geboren werden, die ein *damit* übereinstimmendes Potential besitzen, solltest Du Dich nicht danach sehnen, sondern *einsgerichtet* auf Chenrezig meditieren.

Ferner heißt es ‚für die reinen Götteraugen sichtbar'; dies bedeutet nicht, daß man aufgrund des Verdienstes, das von den Göttern usw. vervollkommnet worden ist, gesehen werden kann, sondern daß *das Zwischenzustandswesen* auch von den völlig reinen göttlichen Augen derjenigen, die sich in der vollkommenen Meditation meditativer Versenkung befinden, gesehen werden kann; sie können *es* jedoch nicht immer sehen – wenn sie sich auf die Sicht vor sich konzentrieren, sehen sie *die Zwischenzustandswesen*; wenn sie sich nicht *darauf* konzentrieren, sehen sie sie nicht; *selbst* wenn sie in der meditativen Konzentration *verweilen*, kann es vorkommen, daß sie zerstreut sind *und sie nicht sehen*.

„Oh Edler ..., mit einem solchen Körper ausgestattet wirst Du Deine Verwandten, von denen Du getrennt bist, sehen, als ob Du mit ihnen im Traum in einer vertrauten Umgebung zusammentreffen würdest; aber obwohl Du mit den Menschen, die Dir vertraut sind, sprichst, werden sie Dir nicht antworten. Wenn Du siehst, wie Deine Verwandten und Freunde weinen, wirst Du denken: ‚Ich bin nun tot! Was soll ich tun?' und großes Leid erfahren, als ob ein Fisch auf heißem Sand geröstet würde. Durch Dein jetziges Leid – und wenn Du ihm noch so nachgibst – erfährst Du jedoch keinen Nutzen. Wenn Du einen Lama hast, solltest Du *jetzt* Gebete an ihn richten. Auch an Deine Yidam-*Gottheit* bzw. [*falls Du zu Lebzeiten keine Yidampraxis ausgeübt hast*] an *den Yidam* Chenrezig solltest Du *jetzt* Gebete richten. Selbst wenn Du sehr an Deinen Verwandten gehangen haben solltest, können sie Dir *in Deiner jetzigen Situation* nicht helfen; deshalb sehne Dich nicht nach ihnen, sondern richte lieber Gebete an *den Yidam* Chenrezig! Dadurch werden Deine Leiden, Schrecken und Deine Panik von Dir fallen."

„Oh Edler ..., der unstete Wind *Deines Karma* läßt Dein Gewahrsein, das *seine* Grundlage [*einen Körper von Fleisch und Blut*] verloren hat, nicht zur Ruhe kommen; wie eine Vogelfeder durch den Wind davongetragen wird, so reitet *Dein Gewahrsein* mal taumelnd, mal schwebend auf dem Pferd des *ständigen* Flusses Deines Lebenswindes, und Du sprichst zu den Klagenden: ‚Ich bin doch hier! Weint doch nicht!' Doch weil jene Dich nicht hören, denkst Du: ‚Ich bin tot', und Du wirst sehr großes Leid erfahren. Du solltest Dich nicht von solchem Leid überwältigen lassen!

Als sei es weder Tag noch Nacht, wird permanent ein Licht wie der Himmel im Herbst von durchdringendem Grau herrschen; in dieser Weise werden im Bardo *der Suche nach einer* Wiederverkörperung eine oder zwei, drei, vier, fünf, sechs oder sieben usw. Wochen bis hin zu neunundvierzig Tagen vergehen. Im allgemeinen wird gesagt, daß die Leiden des Bardo der *Suche nach einer* Wiedergeburt einundzwanzig Tage dauern, obwohl dies nicht gewiß ist, weil *die Dauer des Verbleibs im Bardo der Suche nach einer Wiederverkörperung* von der Macht des Karma abhängig ist."

„Oh Edler ..., zu dieser Zeit wird der große rote Karmawind, der außerordentlich schwer zu ertragen ist, Dich hinterrücks packen und hin- und herwerfen. Du solltest *diesen Wind* nicht fürchten, denn er ist eine täuschende Projektion Deines eigenen *Geistes*! Daraufhin entsteht eine außerordentlich furchterregende große schwarze Dunkelheit, die vollkommen unerträglich ist, vor Dir, und laute Schreie wie ‚Erschlagt *ihn*! Tötet *ihn*!' erklingen. Davor solltest Du keine Furcht empfinden! Andere *Wesen*, die viele negative [*d.h.* andere Wesen schädigende] Handlungen begangen haben, werden infolge *ihres* Karma von Scharen fleischfressender Dämonen, die die verschiedensten Waffen schwingen und ‚Erschlagt *ihn*! Tötet *ihn*!' usw. schreien, mit lautem

Getöse verfolgt. Dies kommt Dir vor, als ob alle möglichen gefährlichen Bestien Dich jagten, als ob ein Schneeregen *heulen* oder ein Schneesturm *wüten würde*, als ob schwarze Dunkelheit *Dich umgeben würde oder* als ob Du von einer riesigen Armee gehetzt würdest. Das Geräusch zusammenstürzender Berge, über die Ufer tretender Seen, tosender Feuerstürme *sowie* heftig pfeifender Sturmböen erklingt, und Du wirst davon in Angst und Schrecken versetzt und fliehen, wo immer sich Dir ein Ausweg zeigt; vor Dir jedoch tun sich drei Abgründe auf und versperren Dir *den Weg*: ein weißer, ein roter und ein schwarzer. Du wirst von Furcht davor, in diese drei *Abgründe zu stürzen und dadurch* in diesem Moment in Stücke gerissen zu werden, *übermannt*. Oh Edler ..., tatsächlich sind dies keine Abgründe, sondern *Manifestationen der* drei *Geistesgifte* Zorn, Begierde und Ignoranz. Zu dieser Zeit solltest Du wissen, daß Du Dich im Bardo der *Suche nach einer Wiedergeburt* befindest, und Du solltest den Namen des ‚Herrn des großen Mitgefühls' [*künftig nur noch als ‚Chenrezig' bezeichnet*] anrufen und beten: ‚Oh Herr des großen Mitgefühls! Oh Lama! Oh *ihr* ‚Drei Juwelen' [*d.s. Buddha, Dharma und Sangha*]! Laßt mich, dessen Name ... ist, nicht in einen der niederen Bereiche der Existenz [*Existenz als Höllenwesen (Haß, Zorn und Wut), Hungergeist (Begierde und Leidenschaft) oder Tier (Dummheit und Ignoranz)*] eintreten.' Ihr solltet dies nicht verabsäumen! Andere, die *Verdienst und Weisheit* angesammelt und in angemessener Weise die *buddhistische* Lehre praktiziert haben, erleben *stattdessen an dieser Stelle* die verschiedensten vollkommenen Sinnesfreuden, während sie sämtliche Aspekte vollkommenen Segens und Glücks erfahren. Solche Wesen aber, die *zu Lebzeiten* indifferent und ignorant waren, werden weder Freude noch Leid, sondern lediglich eine völlige Gleichgültigkeit und geistige Dumpfheit erfahren. Was immer auch entsteht, Edler ..., hafte weder an begehrenswerte Objekte noch an die Erfahrung von Segen und Glück an noch lasse Dich von Begehrlichkeit ihnen gegenüber vereinnahmen! Bete *stattdessen* zu Deinem Lama und den Drei Juwelen! Entsage *jeglicher*

Begierde und Anhaftung in Deinen Gedanken! Erst wenn die Erfahrung von Gleichmut, die Glück und Leid *vollkommen* transzendiert hat, aufgekommen ist, lasse Dein Gewahrsein in der Essenz von Mahamudra, das jenseits von Meditation und Zerstreuung ist, ruhen. Dies ist von außerordentlicher Wichtigkeit!"

„Oh Edler ..., zu dieser Zeit wirst Du Dich für *wenige* Augenblicke am Fuße von Brücken, an Hausmauern, Tempeln, Grashütten, Stupas usw. aufhalten, ohne dort länger verweilen zu können, denn Dein von einem *soliden* Körper getrenntes Gewahrsein besitzt nicht die Kraft, *an einem Ort* zu verweilen; deshalb fühlst Du Dich, als ob Du durch eine Beengung in Zorn und Wut geraten würdest; Dein Intellekt wird konfus und diffus, zerstreut, zusammenhanglos und trübe. Zu dieser Zeit entsteht der Gedanke: ‚Ach! Ich bin tot.' Wenn Dir dieser Gedanke zu Bewußtsein kommt, wirst Du betrübt sein und Dein Herz wird erkalten; unermeßlich starkes Leid wird in Dir entstehen. Ohne an einem Ort verweilen zu können, mußt Du *immer weiterziehen*; deshalb solltest Du den verschiedensten *aufkommenden* Gedanken nicht nachhängen, sondern Dein Gewahrsein in seinem grundlegenden Zustand verweilen lassen! Außer den Speisen, die Dir geopfert worden sind, wirst Du *schließlich* keine Nahrung mehr finden. Auch werden die Zeiten kommen, wo *Deine* Freunde Dir nicht mehr sicher sind. *All* dies sind Anzeichen dafür, daß Du einen Geistkörper hast, der im Bardo der *Suche nach einer* Wiedergeburt umherwandert, und Freude und *Leid* folgen gemäß Deinem Karma aufeinander. Du wirst Deine gewohnte Umgebung, Deine Verwandten und *sogar* Deine eigene Leiche usw. sehen und denken: ‚Nun bin ich tot!' und *dabei* starkes Leid erfahren. Dein Geistkörper wird sehr großen Kummer erfahren und denken: ‚Ich sollte einen passenden Körper erlangen!' Überall wirst Du umherwandern und nach einem Körper suchen. Obwohl Du Deine eigene Leiche bis zu neun Mal *wieder* betreten könntest, ist *dies aufgrund* der Dauer des Bardo des Todes *nicht mehr möglich*. Im Winter wird er gefroren, im Sommer *bereits* verrottet sein, und selbst wenn dies nicht so wäre, würden Deine Verwandten ihn verbrannt oder in einem Loch vergraben, an Vögel oder wilde Tiere verfüttert [*d.i. die im felsigen Hochland Tibets übliche sog. ‚Luftbestattung', bei der die Leiche in Gegenwart der Familienmitglieder, die währenddessen über Vergänglichkeit kontemplieren, von professionellen Leichenzerteilern zerschnitten und an die Geier verfüttert wird*] haben, so daß Du nichts finden wirst, in das Du wieder eintreten könntest. *Dadurch* wirst Du außerordentlich unglücklich und fühlst Dich, als ob Du zwischen Erde und Steinen eingezwängt würdest; solches Leid widerfährt Dir, weil Du Dich im Bardo der *Suche nach einer* Wiedergeburt befindest. Auch wenn Du einen Körper suchst, wird Dir *doch* nichts anderes als Leiden zustoßen; deshalb solltest Du die Anhaftung an einen Körper aufgeben und in der *wahren* Natur *der Wirklichkeit*, die ohne jede *Absicht und* Handlung ist, verweilen!"

In dieser Weise angeleitet wird *der Verstorbene* im Bardo der *Suche nach einer* Wiedergeburt *sicherlich* die Befreiung erlangen. Falls das Karma *des Verstorbenen* jedoch zu schlecht sein sollte, wird es ihm unmöglich sein, jene Anweisungen zu realisieren; dann soll man den Namen des Verstorbenen ausrufen und folgende Worte sprechen:

„Oh Edler ..., eine Person wie Du sollte *nun* zuhören! Diese Leiden mußt Du nun ertragen, weil es Dein eigenes Karma [*d.h. das Resultat Deiner eigenen Handlungen*] ist; niemand anderes hat *diese Resultate durch seine Handlungen* in die Wege geleitet. Weil es Dein eigenes Karma ist, *das in diesen Leiden reif wird*, solltest Du jetzt ernstlich zu den Drei Juwelen beten; dadurch werden sie Dich beschützen. Wenn Du jedoch weder in jener Weise betest noch weißt, wie man die Mahamudra-Meditation ausführt oder auf eine Yidam-Gottheit meditiert, wird die Gottheit Deines guten Gewissens kommen und als Maß für Deine tugendhaften [*d.h. Dir selbst und anderen nützenden*] Taten kleine weiße Kieselsteine hervorziehen, während auch die Gottheit

Deines schlechten Gewissens kommen und als Maß für Deine untugendhaften [*d.h. anderen Schaden bringenden*] Taten kleine schwarze Kieselsteine hervorziehen wird. Zu dieser Zeit wirst Du sehr ängstlich sein, Furcht und Panik verspüren und zittern, während Du die Lüge aussprichst: ‚Ich habe keine untugendhaften Taten begangen!' Yama [*der Totengott*] aber wird sagen: ‚Ich werde den Spiegel Deines Karma befragen!' Im Spiegel des Karma werden Deine gefälschten und untugendhaften Taten klar und deutlich erscheinen. Daraufhin wird Yama einen Strick um Deinen Hals werfen und Dich fortführen; er wird Deinen Kopf abschneiden, Dein Herz herausreißen, Deine Eingeweide *aus Deinem Körper* zerren, Dein Hirn auflecken, Dein Blut saufen, Dein Fleisch fressen und selbst Deine Knochen mit den Zähnen zermalmen; und dennoch wirst Du nicht sterben können! Obschon Dein Körper in Stücke gerissen wird, wirst Du *immer wieder* genesen. Wieder und immer wieder auseinandergehackt zu werden verursacht unerträglichen Leiden; deshalb solltest Du, wenn die Kieselsteine gezählt werden, Dich weder fürchten noch Panik, Angst und Schrecken vor dem Herrn des Todes empfinden. Weil Du einen Geistkörper hast, kannst Du nicht sterben, selbst wenn Du geschlachtet und zerschnitten wirst! In Wirklichkeit ist Deine Gestalt von der Natur der Leerheit; deshalb ist es nicht nötig, Furcht zu empfinden. Auch die Gestalten der verschiedenen Herren des Todes sind von der Natur der Leerheit bzw. täuschende Projektionen *Deines eigenen Geistes*. Weil selbst Dein Geistkörper aufgrund von Gewohnheitstendenzen *aus vergangenen Existenzen zustandegekommen ist*, ist auch er leer *von jeder eigenständigen, aus sich selbst heraus bestehenden Existenz*. Es besteht keine Möglichkeit, daß Leerheit [*d.h. das Fehlen einer aus sich selbst heraus zustandegekommenen Existenz sowohl bei irgendwelchen äußeren Phänomenen als auch beim wahrnehmenden und erlebenden Subjekt*] die Leerheit *in irgendeiner Weise* schädigen könnte. Es besteht keine Möglichkeit, daß *auf der Ebene der absoluten Wirklichkeit* das Fehlen definierender Charakteristika das Fehlen definierender Charakteristika *in irgendeiner Weise* schädigen könnte. Außer den eigenen täuschenden Projektionen gibt es nichts Äußerliches, substantiell Existierendes wie den Herren des Todes, Götter und Dämonen, zornvolle Gottheiten mit Büffelköpfen usw.; dies solltest Du erkennen! Du solltest jetzt erkennen, daß Du Dich im Bardo *der Suche nach einer Wiederverkörperung* befindest! Du solltest Dich in die meditative Versenkung der Mahamudra-Meditation begeben! Wenn Du *jedoch* nicht weißt, wie *jene* zu meditieren ist, dann solltest Du das unverhüllte Wesen der Instanz, die in Angst und Schrecken gerät, *sorgfältig* analysieren! Was in seinem Wesen nicht entstanden ist, ist die makellose Leerheit – dies ist der Dharmakaya! Jene Leerheit jedoch ist keine ‚Nichtsheit'; das Wesen der Leerheit ist furchtweckendes Gewahrsein bzw. Klarheit [*d.i. ein geistiger Raum, in dem alles geschehen kann*] – dies ist der Samboghakaya! Überdies existieren die Leerheit und die Klarheit *Deines Geistes* nicht getrennt voneinander, sondern das Wesen der Leerheit ist Klarheit, und das Wesen der Klarheit ist unverstelltes, nacktes, ungeschaffenes Gewahrsein und Leerheit untrennbar; es gilt, jetzt in diesem ungeschaffenen Zustand zu ruhen – dies ist der Svabhavigakaya! Außerdem strahlt die spontane Ausstrahlung jener *Einheit von Leerheit und Klarheit* ungehindert *überallhin* – dies ist der Nirmanakaya des Mitgefühls!"

„Oh Edler ..., höre nun ohne *jede* Zerstreuung zu! Indem Du *dies* einfach erkennst, wirst Du die vollkommen perfekte Erleuchtung der vier Kayas realisieren. Sei *deshalb* unzerstreut! Dies kennzeichnet die Grenz*linie* zwischen Buddhas und den fühlenden Wesen. Wenn Du in diesem Moment, der von entscheidender Bedeutung ist, zerstreut bist, wirst Du nicht die Zeit finden, aus dem Sumpf des Leidens *der bedingten Existenzen* herauszukommen. Das *folgende* Zitat trifft tatsächlich zu: ‚In einem einzigen Augenblick findet die Transformation statt; in einem einzigen Augenblick wird die vollkommene Buddhaschaft *realisiert*.' Zwar bist Du bis gestern zerstreut gewesen; deshalb hast Du jene Zwischenzustände, die Dir erschienen sind, nicht *als Manifestationen Deines eigenen Geistes* identifizieren können und mußtest Furcht und Schrecken *erleiden.* Wenn Du auch jetzt zerstreut sein solltest, werden die Strahlen des Mitgefühls *der Yidam-Gottheiten* unterbrochen, und Du wirst an einen Ort geraten, an dem keinerlei Möglichkeit zur Befreiung gegeben ist. Denke daran!"

Indem man *den Verstorbenen* derart anleitet, wird er – selbst wenn er *die verschiedenen Stadien des Zwischenzustandes* zuvor nicht *als solche* identifizieren konnte – *diese* jetzt erkennen und die Befreiung erlangen. *Wer zu Lebzeiten allerdings* ein Mensch gewesen ist, der nicht weiß, wie man meditiert, dem sollte man die folgenden Worte vortragen:

„Oh Edler ..., wenn Du nicht weißt, wie man meditieren soll, dann rufe Dir jetzt den *historischen* Buddha, seine Lehre, die Gemeinschaft der realisierten Lehrer [*also die sog. ‚Drei Juwelen'*] sowie *viele Yidam-Gottheiten in der Form von* Chenrezig in Erinnerung und bete zu ihnen! Du solltest *ferner* meditieren, daß sämtliche furchtbaren und schrecklichen Erscheinungen ebenfalls Chenrezig oder Dein Yidam sind. Indem Du Dich an Deinen Lama und an den Namen, den er Dir in der Menschenwelt – als Du um Einweihung *auf eine Yidam-Gottheit* batest – verliehen hat, erinnerst, brauchst Du vor dem Dharmakönig Yama, dem Herren des Todes, keine Angst zu haben! Selbst wenn Du in einen Abgrund stürzen solltest, wirst Du keinen Schaden nehmen; deshalb lasse Dich nicht von Angst und Schrecken überwältigen!"

Durch diese Worte sollte man *den Verstorbenen* anleiten; wer *bislang* noch nicht zur Befreiung gelangt ist, wird dadurch jetzt *zweifelsohne* die Befreiung erlangen. Weil jedoch die Möglichkeit besteht, daß er – obwohl *derart* angeleitet – *die Erscheinungen des Bardo* nicht *als Projektionen seines eigenen Geistes* erkennt, ist es von allergrößter Wichtigkeit, indem man den Verstorbenen beim Namen ruft, die folgenden Worte zu sprechen:

„Oh Edler ..., die jetzigen Erscheinungen werden Dich – als ob Du *ständig* mit einem Katapult fortgeschleudert würdest – nur für einen Moment in freudevolle bzw. leidvolle *Zustände* stürzen; deshalb solltest Du Dich von Anfang an weder von begehrlichen noch von wütenden *Gefühlen* leiten lassen! Solltest Du als Gott wiedergeboren werden, wird Dir zu dieser Zeit eine *entsprechende* Vision aufdämmern; sollten Deine *noch* lebenden Verwandten beschlossen haben, zum Nutzen für Dich – den Verstorbenen – in Verbindung mit einem *bestimmten* Opferritual an dem Ort, den Du verlassen hast, das Leben vieler Lebewesen zu opfern [*ein vor der Zeit der Ausbreitung der buddhistischen Lehre in Tibet weit verbreiteter schamanistischer Brauch, der schließlich durch die buddhistische Lehre, die den Schutz des Lebens über alles stellt, verdrängt wurde*], dann wirst Du dadurch – da Deine Sicht *von den Erscheinungen der relativen Wirklichkeit* noch unrein ist – starken Zorn verspüren; indem Dir die Distanz zu jenem *Ereignis* verloren geht, wirst Du in einer Höllen*existenz* wiedergeboren werden; deshalb solltest Du – was immer auch an dem von Dir verlassenen Ort geschieht – keinesfalls Zorn *in Dir* entstehen lassen, sondern *grundsätzlich* auf Liebe [*d. i. der Wunsch, daß die Zurückgebliebenen Glück und die Ursachen des Glücks – nützliche Taten – erleben mögen*] *ihnen gegenüber* meditieren!

Solltest Du ferner gegenüber den von Dir zurückgelassenen Besitztümern immer noch eine begehrliche Einstellung aufbringen oder gegenüber denen, die jetzt über Deinen *damaligen* Besitz verfügen oder danach trachten, Deine zurückgelassenen Besitztümer zu gewinnen, Zorn aufkommen lassen, dann wirst Du, indem Dir die Distanz zu jenem *Ereignis* verloren geht – selbst wenn die Ursachen für eine Wiedergeburt in einer Götterexistenz gegeben sind – mit Gewißheit als Höllenwesen oder Hungergeist wiedergeboren werden. Selbst wenn Du noch Anhaftung an Deine zurückgelassenen Besitztümer verspüren solltest, wirst Du sie nicht mehr benutzen können; weil sie keinen Nutzen mehr *für Dich* besitzen, solltest Du auf alle Anhaftung und Begierde gegenüber Deinen zurückgelassenen Besitztümern verzichten und ihnen vollkommen entsagen! Verzichte ganz und gar auf sie! Wer immer *nun* über Deine *zurückgelassenen* Besitztümer verfügt, dem gegenüber solltest Du keinen Neid empfinden, sondern opfere sie Deinem Lama und den Drei Juwelen, die Du vor Dir *im Raum* visualisierst, und verweile in der Essenz, die frei von Anhaftung und Abneigung ist!

Wenn das Kankani-Ritual zum Nutzen von Dir als dem Verstorbenen rezitiert werden sollte oder das *Ritual, das* die niederen Bereiche der Existenz *ausleert* usw. zu Deinem Nutzen praktiziert werden sollte und jene in einer unreinen, zerstreuten usw. Weise praktiziert werden, ohne daß die Gelübde und die Verpflichtungen rein gehalten werden, wenn sie von nichtehrenwerten Personen praktiziert werden, dann kannst Du *dies* aufgrund Deiner subtilen Hellsicht [*der Verstorbene kann nicht nur die Gedanken derjenigen, die bestimmte Rituale für ihn praktizieren oder praktizieren lassen, in aller Deutlichkeit lesen, sondern kennt sogar ihre Motivation und das Ausmaß der Reinheit ihrer Gefühle überaus präzise*] sehen und deshalb das Vertrauen zu ihnen verlieren, falsche Sichtweisen erzeugen, aus Angst und Schrecken negative Handlungen begehen usw.; indem Du unreine Formen des Praktizierens und der Rituale erkennst, wirst Du denken: ‚Wehe, sie täuschen mich; sie betrügen mich offenkundig!' und außerordentlich betrübt und sehr bekümmert sein; anstatt voller Vertrauen und Hingabe reine Visionen zu erzeugen, wirst Du falschen Sichtweisen und Mißtrauen zugänglich werden; dadurch wirst Du die Distanz zu den Ereignissen verlieren und mit Gewißheit in einer niederen Existenz wiedergeboren werden, so daß der Schaden, *der durch das Praktizieren dieser Rituale bewirkt wird*, den Nutzen überwiegt; deshalb solltest Du – wie unrein *diese* Praktiken von Deinen zurückgelassenen Freunden auch immer ausgeführt werden und wie unrein ihre Projektionen auch immer sein mögen – mit Vertrauen und indem Du reine Visionen *erzeugst*, ernsthaft denken: ‚Wie könnte die Rede des Buddha unrein sein? Wie die Unreinheiten auf meinem Gesicht im Spiegel sichtbar werden, so sind es meine eigenen Projektionen, die *jetzt* unrein sind! Was diese *Personen, die die Rituale nicht korrekt ausführen*, betrifft, so ist die Essenz ihres Körpers die Sangha (skrt; tib: dge.'dun) [*d.i. die Gemeinschaft der Hoch-Realisierten*], *die Essenz ihrer* Rede ist der heilige Dharma (skrt; tib: chos) [*d.i. die Lehre des Buddha, die erklärt, wie die Dinge wirklich sind*], und *die Essenz ihrer* geistigen Einstellung ist Buddha (skrt; tib: sangs.rgyas) [*d.i. ein Individuum, das sämtliche unreinen Gedanken und Gefühle vollkommen transzendiert hat*]; deshalb nehme ich Zuflucht zu ihnen!' Was immer dann die Hinterbliebenen für Dich tun, wird dadurch mit Gewißheit *für Dich* von Nutzen sein. Es ist außerordentlich wichtig, eine reine Einstellung zu erzeugen. Vergiß dies nicht!

Wenn – obschon die Ursachen dafür gegeben sind, in einem niederen Bereich der Existenz wiedergeboren zu werden, und jetzt das *entsprechende* Licht auf Dich scheint – Deine zurückgebliebenen Verwandten aus der ‚erleuchteten Einstellung' (skrt: Bodhicitta; tib: byang.chub.sems.dpa') [*im tibetischen Original heißt es hier nur zusammengefaßt: ‚weiße Taten'*] heraus spirituelle Praktiken, die frei von negativem Verhalten sind, ausüben, und Lamas und Gelehrte mit Körper, Rede und Geist in einer reinen Art und Weise, *indem sie* Tugend *praktizieren*, Rituale ausführen, dann wirst Du – sobald Du dies *aufgrund Deiner Hellsicht* siehst – davon inspiriert sein, und große Freude wird in Dir entstehen; indem Du die Distanz zu *diesen* Ereignissen verlierst, ist die Ursache dafür gegeben, daß Du mit Gewißheit aus den niederen Bereichen der Existenz emporgehoben und in einer Götterexistenz wiedergeboren werden wirst; weil dies der Nutzen davon ist, ist es von größter Wichtigkeit, daß Du *keinesfalls* eine unreine Einstellung erzeugst, sondern vertrauensvoll und voller Hingabe eine reine Einstellung allem und jedem gegenüber erzeugst! Daran solltest Du denken!"

„Oh Edler ..., da – in Kürze zusammengefaßt – Dein Gewahrsein im Bardo einer *materiellen* Basis entbehrt, ist es von großer Leichtigkeit und Beweglichkeit; was diesbezüglich an tugendhaften oder untugendhaften Einstellungen in Dir entsteht, ist deshalb von großer Kraft; deshalb solltest Du vermeiden, Dir Deine untugendhaften Taten in Erinnerung zu rufen und Dir stattdessen Deine tugendhaften Taten ins Gedächtnis rufen; gibt es nichts Tugendhaftes, *das Du Dir ins Gedächtnis rufen könntest*, dann solltest Du zumindestens mit reiner Einstellung und vertrauensvoll und voller Hingabe zu Deiner Yidam-Gottheit bzw. zu Chenrezig beten, indem Du sie vor Dir *visualisierst* und dieses Wunschgebet mit *großer* Ernsthaftigkeit sprichst:

‚Wehe! Getrennt von meinen geliebten Freunden irre ich einsam umher. Reflektionen meiner leeren Projektionen erscheinen mir jetzt. Möge ich der Kraft des Mitgefühls der Buddhas begegnen, damit die Schrecken des Bardo – Furcht und Panik – nicht aufkommen können! Wenn ich durch die Macht meines schlechten Karma Leiden erfahren muß, möge meine Yidam-Gottheit dieses Leid von mir nehmen! Wenn der Eigenlaut der tausend Donner des wahren Wesens der Wirklichkeit ergrollt, möge er sich sämtlich in den Laut der sechs Silben [*d.i. das Mantra Chenrezigs OM MANI PEME HUNG*] verwandeln! Jetzt, wo ich meinem Karma ausgeliefert bin, ohne eine Zuflucht zu finden, bete ich zu Chenrezig, mich zu beschützen. Jetzt, wo ich die Leiden meines durch Gewohnheitstendenzen zustandekommenden Karma erfahre, möge mir die meditative Versenkung des Segens des Klaren Lichts aufscheinen!'

Du solltest dieses Wunschgebet mit großer Ernsthaftigkeit sprechen! So wirst Du sicherlich auf den Pfad, *der Dich aus der bedingten Existenz von Samsara hinausführt*, geleitet werden. Es ist außerordentlich wichtig, unterdessen *sämtlichen* Illusionen zu entsagen."

Wenn dies rezitiert worden ist, wird dadurch die Erinnerung *des Verstorbenen* reaktiviert, und eine *entsprechende* Erkenntnis *wird entstehen*; dadurch wird die Befreiung realisiert.

Doch selbst wenn man *den Verstorbenen* auf diese Weise wiederholt anleitet, kann es aufgrund seiner schlechten Handlungen sehr schwierig *für ihn* sein, die Erkenntnis zu realisieren; deshalb ist es sehr nützlich, wenn jetzt *diese Anweisungen* viele Male in einer angemessenen Weise wiederholt werden; indem man den Verstorbenen beim Namen ruft, sollte man folgende Worte <u>drei Mal</u> *ernsthaft und* deutlich rezitieren:

„Oh Edler ..., wenn Du die obigen Ausführungen mit Deiner Achtsamkeit nicht erfassen konntest, dann wird von jetzt an der Körper Deiner vorigen Existenz *zunehmend* verblassen, und Dein künftiger Körper wird zunehmend hervortreten. Dadurch in Sorge geratend denkst Du: ‚Da ich solche Leiden *ertragen muß*, werde ich *irgendeinen* Körper annehmen, welcher auch immer *mir* erscheinen wird,' und taumelnd und schwebend eilst Du hin und her, während Dir die Lichter der sechs Bereiche der Existenz aufscheinen; dort, wo Du aufgrund Deines Karma wiedergeboren werden wirst, scheint *das Licht* am deutlichsten."

„Oh Edler ..., höre zu! Was ist unter diesen sechs Lichtern zu verstehen? Aus dem Bereich der Götter scheint ein trübes weißes Licht *auf Dich*, aus dem Bereich der Halbgötter ein trübes rotes Licht, aus dem Bereich der Menschen ein trübes blaues Licht, aus dem Bereich der Tiere ein trübes grünes Licht, aus dem Bereich der Hungergeister ein trübes gelbes Licht und aus dem Bereich der Höllenwesen scheint ein *trübes* rauchfarbenes Licht *auf Dich*; so sind es sechs Licher, die auf Dich scheinen. Aufgrund Deines Karma wird *nun* auch Dein Körper von der Farbe des Bereiches sein, in dem Du wiedergeboren werden wirst."

„Oh Edler ..., zu diesem Zeitpunkt ist die Quintessenz der mündlichen Unterweisungen außerordentlich wichtig: Zu diesem Zeitpunkt solltest Du das Licht – *welches immer als das stärkste erscheint* – als Chenrezig meditieren! Du solltest über die Vorstellung meditieren, daß dieses Licht Chenrezig ist! Dies ist die sehr tiefgründige Kernaussage! Sie ist von solcher Wichtigkeit, weil *durch sie* die Geburt verhindert wird. Außerdem solltest Du, falls Du *zu Lebzeiten* auf eine Yidam-Gottheit – welche immer dies auch war – meditiert hast, für lange Zeit als traumgleiche Vision ohne Eigennatur [*bzw. als inhärente Existenz*] meditieren! Dies wird der ‚reine Illusionskörper' genannt. Löse daraufhin *Deinen* Yidam von der äußeren Begrenzung *nach innen zu* auf und verweile dann in der unentstandenen *Einheit von Leerheit und Klarheit, deren Beschaffenheit unfaßlich ist!* Meditiere *daraufhin* erneut auf Deinen Yidam, und dann wiederum auf das Klare Licht; so solltest Du abwechselnd meditieren, bis Du schließlich *auch* Dein Gewahrsein von seiner *äußeren* Begrenzung her auflöst. Wo immer Raum sich erstreckt, da erstreckt sich auch Gewahrsein, und wo immer Gewahrsein herrscht, da ist der Dharmakaya! Verharre kontinuierlich in der Beschaffenheit des jeglichem sprachlichen Ausdruck nicht zugänglichen, der Vergänglichkeit nicht unterworfenen Dharmakaya!"

In diesem Zustand wird Geburt verhindert und die Buddhaschaft realisiert. Jene jedoch, deren Disziplin [*d. i. die Regelmässigkeit, mit der man seine meditative Praxis betrieben hat*] *zu Lebzeiten* sehr schwach war und die *gar* nicht mit Meditation vertraut waren, werden *ihre Vorstellung von einem wahrhaft existenten ›Selbst‹* nicht erschöpfen und deshalb weiterhin Täuschungen erfahren, die sie zu einer Gebärmutter wandern lassen. Aus diesem Grund sind die Belehrungen darüber, wie der Eintritt in eine Gebärmutter verhindert werden kann, von größter Wichtigkeit. *Wieder* soll man den Verstorbenen beim Namen rufen und folgende Worte zu ihm sprechen:

„Oh Edler ..., wenn Du das, *was Dir* bislang *vorgetragen wurde*, nicht erfassen konntest, dann wirst Du jetzt aufgrund der Macht Deines Karma Visionen erfahren, wonach Du *erst* aufwärts, *dann* quer und *dann* kopfüber abwärts gehalten würdest; wenn Dir dies widerfährt, solltest Du auf *den Yidam* Chenrezig meditieren! Daran solltest Du Dich erinnern! Daraufhin wirst Du – wie oben *bereits* erläutert – einen heftigen Wirbelsturm, einen Schneesturm, einen Hagelsturm und *schließlich einen völ-*

lig vernebelten Raum wahrnehmen; viele Menschen werden Dich hetzen, und Du wirst danach trachten, ihnen zu entkommen. Individuen, die *zu Lebzeiten durch das Ausüben von Handlungen, die anderen Wesen und ihnen selbst nützten*, keinen Verdienst ansammeln konnten, werden die Vision haben, sie entflöhen an einen leidvollen Ort, während Individuen, die *zu Lebzeiten* Verdienst angesammelt haben, die Vision haben, an einem segensreichen Ort anzukommen.

Zu dieser Zeit, oh Edler ..., scheinen all die Zeichen des Bereiches, wo Du wiedergeboren werden wirst, auf; deshalb solltest Du jetzt vollkommen unzerstreut zuhören, denn nun werden *Dir* viele Kernaussagen der mündlichen Unterweisungen, die außerordentlich tiefgründig sind, *präsentiert*. Obwohl Du die Kernaussagen dieser Anweisungen bislang nicht erfassen konntest, wird selbst jemand, dessen Disziplin *zu Lebzeiten* sehr schwach war, die Kernaussagen dieser Anweisungen jetzt erfassen können; höre deshalb *unzerstreut* zu!"

Zu dieser Zeit ist es von größter Wichtigkeit, die Methoden sorgfältig anzuwenden, mittels derer man verhindert, in eine Gebärmutter einzutreten. Um dies zu verhindern, gibt es zwei *verschiedene* Methoden: 1) den Bewußtseinsstrom, der den Eintritt *in die Gebärmutter* bewerkstelligen möchte, *daran* zu hindern, und 2) zu verhindern, daß der Akt des Eintretens in die Gebärmutter erfolgen kann.

„Die mündlichen Unterweisungen, den Bewußtseinsstrom daran zu hindern, in die Gebärmutter einzutreten, oh Edler ..., *sind folgende:* Welches auch immer die Yidam-*Gottheit* gewesen ist, auf die Dein Bewußtseinsstrom *zu Lebzeiten* meditierte, so solltest Du jetzt meditieren, daß jener als Vision, die jeder eigenständigen Existenz entbehrt – so wie die Reflektion des Mondes auf dem Wasser *in sich leer ist* – im Reinen Land ‚Walewa' entsteht; daraufhin solltest Du den Yidam von außen *nach innen langsam* auflösen und meditieren, daß alles die *Einheit von* vorstellungslosem Klarem Licht und *vorstellungsloser* Leerheit ist; dies ist die tiefgründige Kernaussage, durch die – so wird überliefert – der Eintritt in eine Gebärmutter nicht stattfinden kann. Deshalb solltest Du derart meditieren!"

Die erste Methode, den Zutritt zu einer Gebärmutter zu verschließen

„Für den Fall, daß es Dir dadurch jedoch nicht gelingen sollte, *den Eingang* zu versperren, und Du gerade im Begriff sein solltest, in die Gebärmutter einzutreten, existieren die tiefgründigen mündlichen Unterweisungen, mittels derer man den Akt des Eintritts in die Gebärmutter verhindern kann; deshalb solltest Du *jetzt unzerstreut* zuhören! Sprich mir den folgenden Wurzelvers zum Bardo *der Suche nach einer Wiederverkörperung* nach:

‚Wehe, nun, da mir der Bardo der Wiederverkörperung aufgeht, will ich meinen Geist eingerichtet konzentrieren, um dadurch zu bewirken, daß sich die Kontinuität meines guten Karma ausdehnt. Indem ich mich gegen *den Eintritt in* die Gebärmutter stemme, sollte ich im Gedächtnis halten, daß ich *einer Geburt* widerstrebe. Nun ist die Zeit gekommen, zu der das Erscheinen reiner Standfestigkeit unerläßlich ist. Indem ich der Eifersucht [*Eifersucht auf den dem eigenen künftigen Geschlecht entsprechenden Elternteil im der Konzeption unmittelbar vorausgehenden Moment bewirkt den Tod des Zwischenzustandswesens und – je nach zugrundeliegendem Tantra – den Eintritt seines Bewußtseinsstromes entweder durch den Scheitelpunkt oder das linke Nasenloch des Vaters und anschließend durch dessen Phallus in die weibliche Gebärmutter oder direkt durch das weibliche Geschlechtsorgan in die weibliche Gebärmutter*] entsage, meditiere ich auf den Lama *als die Yidam-Gottheit* in Vereinigung.'

Jene Worte solltest Du klar rezitieren, und dadurch, daß Du die Erinnerung an ihre Bedeutung wachrufst, solltest Du *über ihre Bedeutung* meditieren und *dies* in die Praxis umsetzen! Dies ist von größter Wichtigkeit! Was die Bedeutung dessen anbelangt, so sollen die Worte ‚Nun, da mir der Bardo der Wiederverkörperung aufgeht' zum Ausdruck bringen, daß Du jetzt gerade im Bardo der *Suche nach einer* Wiederverkörperung umherwanderst; als Zeichen hierfür kannst Du Dein Spiegelbild nicht sehen, wenn Du ins Wasser blickst, und Dein Körper wirft keinen Schatten, weil Du nicht mehr über einen materiellen Körper aus Fleisch und Blut verfügst. Dies sind Anzeichen dafür, daß Du einen Geistkörper hast, der durch den Bardo der *Suche nach einer* Wiederverkörperung wandert. ‚Nun ist es unumgänglich, Deinen Geist unzerstreut und einspitzig zu konzentrieren' bedeutet, daß gerade zu diesem Zeitpunkt – so als ob Du ein Pferd mit den Zügeln lenktest – nichts anderes als *Konzentration* von hauptsächlicher, größter Bedeutung ist! Worauf immer Du Dich *nun* konzentrierst, wird sich *unmittelbar* bewahrheiten; deshalb solltest Du Deinen Geist nicht auf negative Handlungen ausrichten, sondern Dich *vielmehr* jetzt an die buddhistische Lehre, *der Du in* der Welt der Menschen *begegnet bist*, an die mündlichen Unterweisungen *Deines Lama*, an Einweihungen und Wort-Ermächtigungen, an *diesen Text der* ›Befreiung durch Hören im Zwischenzustand‹ usw. – welchen von diesen Du auch immer begegnet bist – erinnern! ‚Um dadurch zu bewirken, daß sich die Kontinuität meines guten Karma ausdehnt' bedeutet, daß es von größter Bedeutung ist, durch ernsthaftes *Bemühen* die Kontinuität des eigenen guten Karma auszudehnen. Dies solltest Du nicht vergessen! Du solltest nicht zerstreut sein! Dies ist die Zeit, an der sich entscheidet, ob Du aufwärts oder abwärts wandern wirst. Wenn Du jetzt für einen einzigen Augenblick achtlos (*lit: faul*) bist, dann wirst Du unaufhörliche Leiden erfahren müssen; wenn Du den *jeweils* gegenwärtigen Moment *in Konzentration* zu verharren vermagst, dann wird unaufhörlicher Segen auf Dich kommen! Deshalb solltest Du jetzt einen Geisteszustand erzeugen, der sich einspitzig konzentriert. Du solltest danach trachten, die Kontinuität Deines guten Karma auszudehnen, denn wenn es heißt: ‚Indem ich mich gegen *den Eintritt in* die Gebärmutter stemme, sollte ich im Gedächtnis halten, daß ich *einer Geburt* widerstrebe. Nun ist die Zeit gekommen, zu der das Erscheinen reiner Standfestigkeit unerläßlich ist ..., *solltest Du bedenken*, daß diese Zeit nun gekommen ist! Als erstes ist der Eingang in die Gebärmutter zu verschließen; dazu gibt es fünf *verschiedene* Methoden. Dies solltest Du in Deinem Geiste wohl bedenken!

Die zweite Methode, den Zutritt zu einer Gebärmutter zu verschließen

„Oh Edler ..., zu dieser Zeit wirst Du Visionen haben, in denen Du siehst, wie Männer und Frauen körperliche Liebe praktizieren. Zum Zeitpunkt, wo Du sie siehst, solltest Du Dich daran erinnern, Dich zurückzuhalten und nicht zwischen sie einzutreten! Stattdessen solltest Du meditieren, daß Deine *potentiellen* Eltern Dein Lama in Vereinigung [*mit seiner spirituellen Gefährtin*] sind, und Dich vor ihnen niederwerfen! Bringe ihnen im Geiste imaginäre Opferungen dar! Erzeuge ernsthaftes Vertrauen und tiefe Hingabe ihnen gegenüber und bitte sie um Unterweisungen! Sobald Du Dich auf diesen Gedanken konzentrierst, wird der Zutritt zur Gebärmutter mit Gewißheit für Dich versperrt sein.

Doch falls durch jenes *Vorgehen der Zutritt zur Gebärmutter* auch nicht verschlossen sein sollte und Du gerade im Begriff sein solltest, in die Gebärmutter einzutreten, dann meditiere, daß Dein Lama in Vereinigung mit seiner spirituellen Gefährtin Deine Yidam-Gottheit – welche immer dies auch sei – bzw. Chenrezig in Vereinigung ist, und bringe ihnen im Geist imaginäre Opferungen dar! Du solltest vor ihnen konzentriert und ernsthaft die Bitte äußern, Dich selbst zur *spirituellen* Vervollkommnung *zu führen*, dadurch wird der Zutritt zur Gebärmutter mit Gewißheit für Dich versperrt sein."

Die dritte Methode, den Zutritt zu einer Gebärmutter zu verschließen

„Wenn aber auch dadurch *der Zutritt zur Gebärmutter* nicht versperrt wird und Du *immer noch* im Begriff bist, die Gebärmutter zu betreten, wird *hier* die dritte Unterweisung, *nämlich* wie man Begierde [*einem der beiden Geschlechter gegenüber*] und Abneigung [*dem jeweils anderen Geschlecht gegenüber*] vermeidet, gelehrt. Es gibt vier Arten der Geburt: 1) Geburt aus dem Ei; 2) Geburt aus einer Gebärmutter; 3) wundersame Geburt; und 4) Geburt durch Wärme und Feuchtigkeit. Von diesen gleichen sich die Geburt aus dem Ei und die Geburt aus einer Gebärmutter. Wie oben *erläutert* siehst Du *diesfalls Deine potentiellen* Eltern, wie sie den Geschlechtsverkehr vollziehen; wenn Du aufgrund von Begierde und Abneigung in die *mütterliche* Gebärmutter eintrittst, kannst Du als Pferd, Vogel, Hund, Mensch usw. – je nachdem, was *aufgrund Deines Karma* passend ist – geboren werden. Falls Du als Mann *wieder*geboren werden solltest, wirst Du *in diesem Moment* als Mann erscheinen und Deinem *zukünftigen* Vater gegenüber heftige Abneigung verspüren, während Du die Vision hast, Deiner *zukünftigen* Mutter gegenüber Eifersucht [*auf den zukünftigen Vater*] und Begierde zu verspüren. Falls Du als Frau *wieder*geboren werden solltest, wirst Du *in diesem Moment* als Frau erscheinen und Deiner *zukünftigen* Mutter gegenüber heftigen Neid und Eifersucht verspüren, während Du die Vision hast, Deinem *zukünftigen* Vater gegenüber Begierde und Leidenschaft zu verspüren; so wirst Du Geburt annehmen! *In das Geschlechtsorgan des Vaters geraten und gleichzeitig mit dessen Sperma in die mütterliche Gebärmutter katapultiert,* tritt *der Bewußtseinsstrom des mittlerweile gestorbenen Zwischenzustandswesens* in die Mitte zwischen den weißen *feinstofflichen* Tropfen, *der vom Vater stammt,* und den roten *feinstofflichen* Tropfen, *der von der Mutter stammt,* ein; in dem Moment, in dem Vater und Mutter die Freude *der Vereinigung* erfahren, findet die Konzeption [*im vorliegenden tibetischen Blockdruck heißt es hier ‚Geburt', womit zum Ausdruck gebracht werden soll, daß das Zwischenzustandswesen gerade stirbt und in eine neue körperliche Manifestation – eben die befruchtete mütterliche Eizelle – eintritt*] statt. Im Zustand der Freude, *in welcher Vater und Mutter sich im Moment der Vereinigung befinden,* erlischt das Bewußtsein *des Zwischenzustandswesens* in umgekehrter Richtung *wie bei seiner Entstehung* [*entsprechend der acht Arten der Auflösung des Bewußtseins des Sterbens, allerdings in starker zeitlicher Raffung*], woraufhin es in der mütterlichen Gebärmutter – *während es zunächst* an ein ovales Klümpchen, dann an eine längliche Zellanhäufung [*gemäß der tibetischen Medizin die Entwicklungsstadien des Embryos während der ersten beiden Wochen*] usw. *gebunden ist,* seine Fortsetzung findet. Wenn Du *schließlich* aus der Gebärmutter heraustrittst und die Augen öffnest, findest Du Dich *vielleicht* in einen jungen Hund verwandelt; während Du Dich zuvor in einer menschlichen Existenz befandest, bist Du nun zu einem *jungen* Hund geworden, der den Leiden der *Existenz in einer* Hundehütte ausgesetzt ist; oder Du wirst ebenso *in einem* Schweinekoben, in einem Ameisenhaufen, in einer Schmetterlingspuppe, als Made in einem Loch oder als Kalb, Lamm oder Zicklein usw. – als *eines von diesen* Kindern – geboren werden. Von hier gibt es kein Zurück mehr. In diesem Zustand außerordentlicher geistiger Stumpfheit und geistiger Dunkelheit wirst Du alle unterschiedlichen Arten des Leidens erfahren, und Du wirst als Wesen der sechs Bereiche der Existenz – als Höllenwesen, als Hungergeist usw. – *für endlose Zeiten in der bedingten Existenz von Samsara* umherirren, wo Du unermeßlichen Leiden ausgesetzt sein wirst. Keine Macht wiegt schwerer und kein Schrecken ist größer als die, die von diesen *Existenzen* ausgehen. Wehe! Wehe! Jene, die nicht von einem realisierten Meister mündliche Unterweisungen erhalten haben, werden in den tiefen Abgrund der bedingten Existenz *von Samsara* hinabstürzen, wo sie kontinuierlich Leiden erfahren müssen. Deshalb solltest Du auf meine Worte hören und Dir diese meine mündliche Unterweisung zu Herzen nehmen! Indem Du Anhaftung und Abneigung zurückweist, *wende* nun die mündlichen Unterweisungen zur Verhinderung des Eintritts in die *mütterliche* Gebärmutter *an*, die *hier* präsentiert werden. Höre *folgendes* und nimm *es* Dir zu Herzen! Es heißt:

‚Indem ich mich gegen *den Eintritt in* die Gebärmutter stemme, sollte ich im Gedächtnis halten, daß ich *einer Geburt* widerstrebe. Nun ist die Zeit gekommen, zu der das Erscheinen reiner Standfestigkeit unerläßlich ist. Indem ich der Eifersucht entsage, meditiere ich auf den Lama *als die Yidam-Gottheit* in Vereinigung.'

Wenn Du – wie oben *beschrieben* – als Mann *wieder*geboren werden solltest, wirst Du Deiner *zukünftigen* Mutter gegenüber Leidenschaft und Deinem *zukünftigen* Vater gegenüber Haß empfinden, während Du – solltest Du als Frau *wieder*geboren werden – Anhaftung an Deinen *zukünftigen* Vater und Eifersucht auf Deine *zukünftige* Mutter entwickeln wirst. Dafür existieren tiefgründige mündliche Unterweisungen!

„Oh Edler ..., zu der Zeit, wo solcherart Anhaftung und Abneigung aufkommen, solltest Du folgendermaßen meditieren:

‚Oh weh, fühlende Wesen wie ich selbst müssen aufgrund von schlechtem Karma in der bedingten Existenz *von Samsara* umherirren, da sie sich auf Anhaftung und Abneigung stützen; so irre auch ich *in der bedingten Existenz von Samsara* umher. Wenn man – wie man will – einfach seiner Anhaftung und Abneigung nachgibt, wird man für endlose Zeiten in der bedingten Existenz *von Samsara* umherirren und für unermeßliche Zeiträume in einem wahren Ozean von Leiden versinken. Deshalb darf ich jetzt keinesfalls Anhaftung und Abneigung aufkommen lassen! Oh, auf keinen Fall will ich jemals wieder aufgrund von Anhaftung und Abneigung handeln!'

Indem Du diesen Vorsatz fest in Deinem Geist verankerst, wird – so heißt es in den Tantras – Dein Eintritt in eine *mütterliche* Gebärmutter verhindert. Deshalb, oh Edler ..., sei nicht zerstreut, sondern konzentriere *Dein Gewahrsein* einsgerichtet darauf!"

Die vierte Methode, den Zutritt zu einer Gebärmutter zu verschließen

„Wenn selbst durch ein solches Verfahren der Eintritt in eine *mütterliche* Gebärmutter nicht verhindert werden kann und man gerade im Begriff ist, in eine Gebärmutter einzutreten, soll man *versuchen*, den Eintritt in eine Gebärmutter anhand der mündlichen Unterweisung, die die traumgleiche Illusionshaftigkeit *der Ereignisse zum Gegenstand hat*, zu verhindern. *Meditiere wie folgt:*

‚Wehe, sowohl Vater und Mutter in geschlechtlicher Vereinigung als auch Regenstürme und stürmische Winde, Donnergeräusche, das Aufkommen von Furcht und Schrecken, die Erscheinungen und die ganze materielle weltliche Existenz sind in ihrem Wesen traumgleich: Wie immer sie auch in Erscheinung treten, welchen Eindruck von Wirklichkeit sie auch immer vermitteln, so sind doch sämtliche Manifestationen unwirkliche Fiktionen [*weil die äußeren wie die inneren Phänomene nicht durch sich selbst heraus – also inhärent – zur Existenz gelangt und deshalb der Vergänglichkeit in der Zeit unterworfen sind, können sie nicht wahrhaft bzw. absolut existieren, sondern weisen lediglich eine zeitlich begrenzte relative Existenz auf*], die einer Spiegelung gleichen; was soll Anhaftung, wo jene doch weder ewig noch beständig sind? Es sind *nur* die Visionen des eigenen Geistes, das Nicht-Existente als existent anzusehen. Und selbst der Geist ist seit anfangslosen Zeiten nicht-existent wie eine Illusion! Wie sollten *da* diese *Phänomene* von außen *tatsächlich so, wie sie in Erscheinung treten,* existieren? Weil ich dies früher nicht eingesehen habe, hielt ich die nicht-existenten *relativen Phänomene* für *absolut bzw. aus sich selbst heraus* existierend und das Unwirkliche für wirklich. Weil ich dasjenige, was *lediglich* eine illusionäre *Wirklichkeit besitzt,* mit der Wirklichkeit verwechselt habe, mußte ich eine dermaßen lange Zeit in Samsara umherirren; und wenn ich auch jetzt nicht erkenne, daß *die nur relativ bzw. für begrenzte Zeiträume in Erscheinung tretenden Phänomene lediglich* eine Illusion sind, werde ich *erneut* für lange Zeiträume in der bedingten Existenz *von Samsara* umherirren müssen, wo ich mit Gewißheit in den Sumpf der verschiedenartigsten Leiden geraten werde; tatsächlich sind diese *Phänomene* sämtlich wie ein Traum, wie eine Illusion, wie ein Echo, wie die Städte der Geruchsfresser [*d.s. bestimmte Arten von Halbgötter, die sich lediglich von Gerüchen ernähren*], wie optische Täuschungen, wie ein Spiegelbild, wie Wahrnehmungstäuschungen oder wie die Reflektion des Mondes im Wasser, die nicht einmal für einen Augenblick wirklich existieren, sondern mit Gewißheit unwirklich und falsch sind. Indem Du Dich eingerichtet darauf konzentrierst, wird die Überzeugung von der Wirklichkeit *der Phänomene* zerstört, und indem Du Dich in dieser Weise kontinuierlich darauf stützt, löst sich *selbst* die Überzeugung *von der Wirklichkeit* des ›Selbst‹ auf. Und wenn Du das Wissen um das Trügerische *an den Erscheinungen* in dieser Weise ernsthaft in Dir verankerst, wird der Zutritt zu einer mütterlichen Gebärmutter mit Sicherheit *für Dich* versperrt sein [*im tibetischen Original läßt diese Passage die zentralen Argumente der Madhyamaka-Philosophie lediglich anklingen, ohne sie soweit auszuführen, daß sie dem nicht entsprechend vorgebildeten Leser verständlich würden — anscheinend um letztere durch die Veranschaulichung der Nicht-Existenz der relativen Phänomene nicht in Angst zu versetzen; der Übersetzer hat die entsprechenden Andeutungen in Anlehnung an Nagarjunas ›Sieb-*

zig Stanzas über die Leerheit‹ sowie an Chandrakirtis ›Madhyamakavatara‹ soweit ergänzt, daß sie zumindestens oberflächlich verständlich werden, einmal um das Vertrauen westlicher Leser in den vorliegenden Text zu stärken, aber auch weil hierdurch die geheime Ebene der Belehrungen nicht verletzt wird]."

Die fünfte Methode, den Zutritt zu einer Gebärmutter zu verschließen

„Wenn Du jedoch so verfahren solltest und *trotzdem dadurch* die Überzeugung von der Wirklichkeit *der Erscheinungen* nicht zerstören konntest und Du im Begriff bist, in eine Gebärmutter einzutreten, weil der Zutritt zu einer Gebärmutter nicht versperrt werden konnte, gibt es noch eine weitere tiefgründige mündliche Unterweisung. Oh Edler ..., selbst nachdem Du derart handeltest, konntest Du den Zutritt zu einer Gebärmutter nicht versperren; deshalb solltest Du jetzt als fünftes *Verfahren, den Zutritt zu einer Gebärmutter zu verhindern,* auf das Klare Licht meditieren und so den Zugang zu einer Gebärmutter verschließen. Die Meditation sollte folgendermaßen ausgeführt werden:

‚Oh weh, die gesamte substantielle *Wirklichkeit* ist *nichts anderes als* mein eigener Geist [*die Kernaussage der Cittamatra-Philosophie*]. Was diesen Geist betrifft, so ist jener weder geboren worden, noch wird er jemals zu einem Ende gelangen; er ist die Leerheit!'

Indem Du diesen Gedanken kultivierst, halte Deinen Geist ungekünstelt und *von gedanklichen Aktivitäten* unbeeinflußt, so wie Wasser in Wasser fließt; Dein Geist sollte so lange wie möglich in seiner eigenen Natur ruhen, entspannt in seinem Wesen ruhen, klar, entspannt und ungekünstelt [*d.h. frei von mentalen Fabrikationen*], woraufhin mit Gewißheit eine der vier Arten der

Geburt durch eine Gebärmutter verhindert werden wird. So solltest Du so wieder und immer wieder meditieren, solange *der Zutritt zu einer Gebärmutter* noch nicht versperrt ist."

Nun sind diese vielen perfekten *Arten der* tiefgründigen Unterweisungen zum Verhindern *eines Eintritts in eine* Gebärmutter präsentiert worden. Es ist nicht möglich, daß durch jene *Unterweisungen* Personen von ausgezeichneten, mittleren und geringeren Fähigkeiten nicht zur Befreiung gelangen sollten. Dies ist deshalb so, weil das Bewußtsein *des Zwischenzustandswesens* im Bardo mit *der Fähigkeit zu* übernatürlicher Wahrnehmung ausgestattet ist; deshalb kann es 1) alles hören, was ich sage; 2) selbst wenn *der Verstorbene zu Lebzeiten* taub oder blind war, verfügt er nun – im Bardo – über uneingeschränkte Sinnesfähigkeiten, so daß er alles, was ich sage, hören kann; 3) da *das Zwischenzustandswesen* permanent von Furcht und Schrecken überwältigt ist, fragt es sich ohne Unterlaß, was das Beste sei, weshalb es auf alles hören wird, was ich sage; und 4) da das Bewußtsein *des Zwischenzustandswesens* ohne *materielle* Stütze [*d.h. ohne die Möglichkeit, sich innerhalb eines Körpers aus Fleisch und Blut zu konzentrieren*] ist, kann es unmittelbar dorthin gelangen, wo es zu sein wünscht, so daß es leicht zu lenken ist. Weil *gleichzeitig* die Achtsamkeit des Geistes *des Zwischenzustandswesens* [*lit: seine Erinnerungsfähigkeit*] neun Mal *so stark* geworden ist *wie zu Lebzeiten*, wird aufgrund der Macht des Karma im Zwischenzustand sein Gewahrsein *außerordentlich* klar, so daß es die Qualität besitzt, auf alles, worin es unterwiesen wird, *sofort* zu meditieren, selbst wenn *es zu Lebzeiten* keine geistige Klarheit besessen haben sollte. Aus diesen Gründen ist es auch sehr effektiv, die *in Tibet traditionellen* Bestattungsriten auszuführen. Ferner ist es von größter Wichtigkeit, während der neunundvierzig Tage, *die dem Vorgang des Sterbens folgen* [*vorausgesetzt, der Verstorbene hat zu Lebzeiten keine sehr negativen Handlungen begangen*], ernsthaft mit der Rezitation *dieses Textes* ›Die große Befreiung durch Hören‹ fortzufahren. Auch wenn *der Verstorbene* durch eine Anleitung nicht befreit werden sollte, wird er aufgrund einer anderen Anleitung *sicherlich* die Befreiung erlangen; das ist der Grund dafür, warum – wie hier geschehen – nicht nur eine, sondern viele *unterschiedliche* Anleitungen *zu präsentieren* notwendig ist.

Praktizierende von hoher Kapazität haben den Bardo des Sterbens nutzen können, um die Befreiung zu erlangen, während Praktizierende mit mittleren Fähigkeiten im Bardo des Todes zur Befreiung finden konnten. Der Bardo der Wiedergeburt kennzeichnet das Intervall zwischen dem Moment des Wiedererwachens des Bewußtseins und der tatsächlichen physischen Wiedergeburt, das dem nach Befreiung Suchenden geringer Kapazität offensteht, der beispielsweise Instruktionen über die Steuerung der Prozesse während des Träumens oder über Reine Länder erhalten hat und bereits gewisse Fertigkeiten im Umgang mit solchen Übungen entwickeln konnte.

Wenn die notwendigen Voraussetzungen gegeben sind [*1) potentieller Vater und potentielle Mutter liegen beieinander; 2) beider Fortpflanzungsorgane sind intakt und die potentielle mütterliche Eizelle ist empfängnisbereit; 3) das Zwischenzustandswesen ist zugegen und wünscht, in die mütterliche Gebärmutter einzutreten*], dann erblickt das Zwischenzustandswesen eine Illusion seines zukünftigen Vaters und seiner zukünftigen Mutter, wie sie zusammenliegen. Vom Wunsch überwältigt, selbst zu kopulieren, wird es als männliches/weibliches Wesen wiedergeboren, wenn es Begierde bezüglich seiner/s potentiellen Mutter/Vaters und Haß und Eifersucht bezüglich seines/r potentiellen Vaters/Mutter verspürt; von Begierde und Wut vollkommen vereinnahmt stürzt es sich zwischen seine zukünftigen Eltern, nichts anderes als deren Geschlechtsorgane wahrnehmend. Diese überaus intensiven störenden Gefühle sind die Ursache für den Tod des Zwischenzustandswesens, und – während es je nach der Qualität seines Karma schreiende, unangenehme oder friedliche und angenehme Geräusche, Unterholz oder brennende Holzscheite usw. bzw. schöne Paläste wahrnimmt, betritt es die mütterliche Gebärmutter.

Wenn das Männliche und das Weibliche sich im Akt der Vereinigung völlig absorbieren, verlagert sich durch die Gewalt der heftigen Bewegungen ihrer Geschlechtsorgane der abwärtsfließende Wind nach oben, wodurch die gewöhnliche innere Hitze der dreifachen

Kreuzung [*von Zentralkanal, rechtem und linkem Kanal*] auf Höhe des Nabels entflammt. Die Hitze schmilzt die weißen und roten Tropfen, die im Innern der zweiundsiebzigtausend Kanäle nach unten fließen. Dadurch werden Körper und Geist auf eine beseligende Art befriedigt, und am Ende, in den Momenten des intensivsten Begehrens, löst sich eine dickflüssige regenerative Flüssigkeit. Diese Samen- und Blutstropfen, die aus dem männlichen und weiblichen Organ hervorquellen und beide Verkörperungen der fünf Elemente darstellen, mischen sich nun im Uterus der Mutter. Das Bewußtsein des sterbenden Zwischenzustandswesens ist mittlerweile [*je nach zugrundeliegendem Tantra*] entweder durch den Mund oder die Schädelkrone des männlichen Partners eingedrungen und anschließend durch seinen geheimen Ort [*Phallus*] in den Schoß der Partnerin übergegangen oder hat den Schoß der Mutter direkt durch die Vagina betreten, vereinigt sich daraufhin mit der seimigen regenerativen Mischung, die in den zweiundsiebzigtausend Kanälen der beiden Partner nach unten geflossen ist und sich im Schoß vermengt. Die Winde, die während des Zwischenzustands die Begriffsbildung ermöglichten, verflüchtigen sich, und die vier letzten Phasen der Auflösung *des Bewußtseins des Zwischenzustandswesens* erscheinen sehr rasch hintereinander, bis das Klare Licht des Beinahe-Erlangens, das in der Mitte der Mischung aus Samen und Blut aufdämmert, die Verbindung mit dem neuen Leben herstellt. Während sich also die acht Stadien der Auflösung *des Bewußtseins des Verstorbenen* wie auch die Winde, die ihre Träger sind [*beginnend mit dem Wind-Wind usw.*], in umgekehrter Reihenfolge wie beim Vorgang des Sterbens manifestieren, führt die innerliche Anwesenheit der fünf *subtilen* Elemente in Verbindung mit den äußeren Manifestationen der fünf Elemente, die man von Vater und Mutter empfängt, zur Entstehung einer physischen Existenz auf der Grundlage der fünf Elemente.

Zu Beginn ist der ovale Fötus von einer Masse eingehüllt, die der Sahne auf gekochter Milch ähnelt, ist im Kern jedoch noch sehr seimig. In der ersten Woche entstehen aus dem Wind, der der Träger des Bewußtseins der weißen Erscheinung ist, nacheinander der Wind-Wind, der die besondere Fähigkeit besitzt, eine Bewußtseinsgrundlage abgeben zu können und ganz generell Entwicklung ermöglicht, dann der Feuer-Wind, der Reifung und Nicht-Verwesung ermöglicht, daraus der Wasser-Wind, der Kohäsion bewirkt, und schließlich der Erd-

Wind, der verursacht, daß ein Halt gefunden wird. Demnach werden der fein- und der grobstoffliche Körper, die bis zum Tode intakt bleiben, aus den konstituierenden Elementen gebildet.

Je nach weiteren sieben Tagen entstehen neue Winde, die den Fötus zunächst viskös wie Joghurt werden lassen, ohne daß er bereits fleischig wäre, ihn dann fleischig werden lassen, ohne daß er bereits äußerem Druck standhielte, ihn anschließend verfestigen, so daß er äußerem Druck standhält und endlich fünf Auswüchse bewirken, die die Andeutung der Schenkel, der Schultern und des Kopfes hervortreten lassen. Während der vierten Woche teilen sich der weiße und der rote Tropfen, die man von Vater und Mutter bekam, in zwei Hälften: Aus der weißen Hälfte entstehen die drei inneren Schätze, die man vom Vater bekommt, nämlich regenerative Flüssigkeit, Mark und Knochen, während aus der roten Hälfte die drei Schätze, die man von der Mutter bekommt, entstehen: Fleisch, Haut und Blut. Der Ort der Mischung von Samen und Blut, in den das Bewußtsein zuerst eingeht, wird später auf Höhe des Herzens zu einer Masse von der Größe einer kleinen Erbse, die den unfaßlichen Wind, das unfaßliche Bewußtsein sowie die Essenz von Samen und Blut enthält. Im Zentrum dieser Masse bilden sich der Zentralkanal und die beiden Seitenkanäle, die sich zunächst jeweils dreimal um den mittleren Kanal herumwinden.

Nun formieren sich gleichzeitig die fünf Kanäle des Herzens, und zwar der mittlere, rechte und linke wie auch der dreifache Kreis im Osten (vorn) und der Begierliche im Süden (rechts). Danach entwickeln sich gleichzeitig drei Kanäle: der Knotenlose, der sich bei [*und hinter*] dem mittleren befindet, der Haushälter im Westen [*Rücken*] und der Feurige im Norden [*links*]. Anschließend teilen sich die vier Kanäle der Haupthimmelsrichtungen und bilden damit die vier Speichen der Nebenhimmelsrichtungen. Diese acht Kanäle machen zusammen das Herzchakra aus. Die Fortsätze der Kanäle der acht Richtungen teilen sich daraufhin in jeweils drei und bilden die vierundzwanzig Kanäle der vierundzwanzig Orte, die sich weiter in jeweils drei Kanäle teilen. Von diesen zweiundsiebzig Kanälen teilt sich jeder in jeweils tausend, so daß schließlich die zweiundsiebzigtausend Kanäle des Körpers entstanden sind [*in ähnlicher Weise bilden sich im Verlauf der folgenden Monate die übrigen sieben Energiezentren entlang des Zentralkanals aus*].

Der unfaßliche lebenserhaltende Wind erzeugt gleich nach der Aufnahme der Verbindung mit dem neuen Leben im Uterus grobstoffliche lebenserhaltende Winde. So entsteht im zweiten Mond-Monat, wenn das Kind aussieht wie eine Schildkröte, aus dem lebenserhaltenden Wind der abwärtsfließende Wind. Im dritten Monat, wenn der Körper die leicht vornübergebeugte Gestalt eines Ebers hat, entsteht aus letzterem der sog. Feuerwind, aus dem wiederum im vierten Monat, wenn das Kind die stämmige Gestalt eines Löwen hat, der aufwärtsfließende Wind entsteht. Aus diesem entsteht im fünften Monat, wenn der Körper die Gestalt eines Zwerges hat, der allesdurchdringende Wind.

Der Sitz des lebenserhaltenden Windes ist in der Hauptsache die Mitte des Herzzentrums. Seine zentrale Funktion ist die Aufrechterhaltung des Lebens. In seiner gröberen Erscheinungsform hält er den Fluß der Ein- und Ausatmung durch die Nase aufrecht. Er veranlaßt ebenfalls die Bewegung der Winde, die in die Sinnesorgane hinein- und herausfließen. Der abwärtsfließende Wind ist hauptsächlich in der Mitte des geheimen Zentrums lokalisiert und reguliert die Ausscheidung, die Menstruation usw.. Der Feuerwind wohnt am Ort der inneren Hitze, im Zentrum des Nabelchakras. Er reguliert im wesentlichen die Verdauung. Der aufwärtsfließende Wind in der Mitte des Kehlzentrums ermöglicht sprachliche Artikulation und die Geschmacksempfindungen, und der allesdurchdringende Wind schließlich wohnt in der Hauptsache in den Gelenken; er steuert die Bewegungen.

Im sechsten Monat entsteht der *sekundäre* Wind, der sich durch die Augen bewegt, im siebenten Monat derjenige, der sich durch die Ohren bewegt, im achten derjenige, der durch die Nase ein- und ausgeht, im neunten derjenige, der durch die Zunge fließt und im zehnten der sog. ‚Endgültig Bewegende', der durch den ganzen Körper ein- und ausfließt. Diese fünf sekundären Winde sind die wesentlichen Teile oder Zustände des lebenserhaltenden Windes. Sie dienen bei der Objektwahrnehmung durch die fünf Arten der Sinnesbewußtseine als Träger der Erfahrung. Obwohl sich die zehn Winde schon im Uterus voll ausgebildet haben, setzt die [*grobe*] Ein- und Ausatmung durch die Nase erst kurz nach der Geburt ein.

Die Masse, die eine Zusammensetzung der Essenzen der weißen und roten konstituierenden Bestandteile [*Tropfen*] wie auch des unfaßlichen Windes und des unfaßlichen Bewußtseins ist, in der Größe einem weißen Senfkorn gleicht und sich im Inneren eines kaum merklichen Hohlraumes im Zentralkanal auf Höhe des Herzens befindet, wird der [*bis zum Tode*] unzerstörbare Tropfen genannt. Vom beim Herzen befindlichen weißen Tropfen steigt im Kehlzentrum ein Teil nach oben. Er wird der Buchstabe HANG genannt und vermehrt und kräftigt durch seinen direkten und indirekten Einfluß die weißen Tropfen in den anderen Körperteilen. Ebenso fällt von dem beim Herzen befindlichen roten Tropfen im Innern des Nabelzentrums ein Teil nach unten, der durch seinen direkten und indirekten Einfluß die roten konstituierenden Bestandteile in den anderen Körperregionen vermehrt und stärkt. Obwohl in jedem Chakra ein Teil von beiden Tropfen vorhanden ist, stellt derjenige an der Schädelkrone die Hauptquelle für die Vermehrung der weißen konstituierenden Bestandteile dar, wohingegen das Nabelzentrum die Hauptquelle für die Vermehrung der roten Tropfen ist. Das Herzzentrum ist eine Quelle, die gleichermaßen weiße und rote Tropfen vermehrt. Sie werden erzeugt, wann immer sie gebraucht werden, d.h. sie sind unerschöpflich.

Durch die Kraft des aufwärtsfließenden Windes und des abwärtsfließenden Windes wird die Verlängerung der drei Kanäle nach oben und unten bewirkt. Zu diesem Zeitpunkt sind das obere und untere Ende des Körpers sehr dünn, nur die Mitte ist knollenartig verdickt wie bei einem Fisch. In den folgenden Wochen entwickeln sich die fünf Auswüchse, aus denen die fünf Gliedmaßen entstehen, die Körperbehaarung, die Nägel, die physischen Sinneskräfte, das Geschlechtsorgan, der Atemwind, der durch den Mund ein- und ausströmt, die [*acht*] Sprechwerkzeuge und die Präsenz des Bewußtseins, die die Bewegung des mentalen Bewußtseins in seinem Wechselspiel mit den Objekten ist. Der männliche Embryo liegt gegen die rechte Seite der Mutter gelehnt und kehrt sein Gesicht ihrer Wirbelsäule zu, der weibliche liegt gegen die linke Seite der Mutter und schaut nach vorn. In der sechsunddreißigsten Woche entsteht im Kind eine Abneigung gegen den Uterus, und es entwickelt den Wunsch, ihn zu verlassen. In der siebenunddreißigsten Woche vermag es schlechte Gerüche und Schmutz wahrzunehmen. Schließlich erhebt sich in der achtunddreißigsten Woche der sog. ‚<u>sekundäre Wind, der aus früheren Taten entsteht</u>' und bewirkt, daß sich das Kind im Schoß kopfüber dreht. Die Geburt erfolgt nach zweihundertundsechsundsechzig Tagen am Ende der achtunddreißigsten Woche der Schwangerschaft. So wird man als gewöhnliches Wesen wiedergeboren.²

Trotzdem gibt es viele Arten *von Menschen*, die – weil sie *zu Lebzeiten* nur in geringem Maße damit vertraut waren, tugendhafte Handlungen auszuüben, sondern seit jeher gewohnt waren, immer nur in einer außerordentlich exzessiven Weise untugendhafte Handlungen zu begehen – durch die Macht der *so angesammelten geistigen* Verschleierungen und aufgrund *von deren* überaus große Anzahl mittels der oben *präsentierten* Anleitungen und Kontemplationen nicht zur Befreiung gelangen können; deshalb werden nun *auch noch* für jene, denen es nicht gelingt, den Eintritt in eine Gebärmutter zu versperren, tiefgründige mündliche Unterweisungen darüber, wie man eine *günstige* Gebärmutter wählt, gelehrt. Nachdem man die Buddhas und Bodhisattvas angerufen hat und Zuflucht zu ihnen genommen hat, *indem man die Zufluchtsformel drei Mal laut und deutlich rezitiert und währenddessen* einen entsprechenden Geisteszustand bei sich selbst erzeugt hat, ruft man den Verstorbenen drei Mal bei seinem Namen und rezitiert die folgenden Worte:

„Oh Edler ..., der Du nicht mehr unter den Lebenden weilst, höre! Obwohl Dir bereits zuvor die Anleitungen und Unterweisungen unterbreitet worden sind, hast Du sie nicht erfaßt. Wenn Du bislang den Eintritt in eine *mütterliche* Gebärmutter nicht verhindern konntest, ist nun die Zeit gekommen, *wieder* einen Körper anzunehmen. Es gibt nicht nur eine einzige, sondern viele Arten tiefgründiger Unterweisungen, wie Du eine *günstige* Gebärmutter wählen kannst; *diese* solltest Du mit Deinem Geist erfassen! Sei nicht zerstreut, sondern erzeuge einen unzerstreuten Geisteszustand ernsthafter Konzentration! Oh Edler ..., jetzt erscheinen die Charak-

---

² *aus Lati Rinpoche & Jeffrey Hopkins:* ›Death, Intermediate State and Rebirth in Tibetan Buddhism‹, *S. 58-68;* SNOW LION 1985, *aus dem Englischen übertragen und sinngemäß zusammengefaßt vom Übersetzer*

teristika und Anzeichen jenes Kontinents, auf dem Du wiedergeboren werden wirst; sie gilt es zu erkennen! Wähle gemäß der Anzeichen den Kontinent, wo Du *wieder*geboren werden willst! Wenn Du im östlichen Kontinent Purvavideha *wieder*geboren werden solltest, wirst Du einen See, der mit einem Schwanenpaar geschmückt ist, sehen. Du solltest *sehr* wachsam sein und dem widerstreben, dorthin zu gehen! Einmal dorthin gelangt, wirst Du zwar Freude und Glück im Überfluß genießen – aber da dort die buddhistische Lehre nicht anzutreffen ist, solltest Du dort nicht hingehen! Wenn Du im südlichen Kontinent Jambudvipa *wieder*geboren werden solltest, wirst Du schöne, Freude *in Dir* erweckende Häuser sehen; falls es möglich ist, dorthin zu gehen, solltest Du dorthin gehen! Wenn Du im westlichen Kontinent Aparagodaniya *wieder*geboren werden solltest, wirst Du einen See, der mit einer Stute und einem Hengst geschmückt ist, sehen; auch zu diesem Platz solltest Du widerstreben zu gehen; obwohl sämtliche Sinnengenüsse auf diesem Kontinent *Deiner harren*, ist die buddhistische Lehre *hier* nicht vertreten. Deshalb gehe nicht dorthin! Wenn Du auf dem nördlichen Kontinent Uttarakuru *wieder*geboren werden solltest, wirst Du einen mit Rindern geschmückten See oder einen mit magischen Bäumen geschmückten See sehen; erkenne dies als Zeichen für eine *bevorstehende Wieder*geburt, aber gehe nicht dorthin, denn obwohl *die Wesen* hier ein langes, verdienstvolles Leben *führen*, ist die buddhistische Lehre hier nicht vertreten! Wenn Du als ein Gott *wieder*geboren werden solltest, wirst Du entzückende, verspielte Luftschlösser sehen, die mit den verschiedensten Juwelen geschmückt sind. Wann immer Du dort hingehen kannst, solltest Du dort eintreten! Wenn Du als Halbgott *wieder*geboren werden solltest, wirst Du *entweder* liebliche Haine oder etwas, das wie kreisende Feuerräder aussieht, sehen; Du solltest dem ernstlich widerstreben, dorthin zu gehen! Wenn Du als Tier *wieder*geboren werden solltest, wirst Du im Nebel felsige Höhlen und Grasnester sehen; dorthin solltest Du auch nicht gehen! Wenn Du als Hungergeist *wieder*geboren werden solltest, wirst Du Baumstümpfe, schwärzliche Höhlungen, wilde und unwirtliche Schluchten oder schwärzliche Stücke *von irgendetwas* sehen; wenn Du dorthin gehst, wirst Du als Hungergeist *wieder*geboren werden und die verschiedensten Leiden von Hunger und Durst erfahren – deshalb solltest Du auch hierhin nicht gehen, sondern *diesem Ort* ernstlich widerstreben! Du solltest die größten Anstrengungen unternehmen, *nicht dorthin zu gehen*! Und solltest Du *schließlich* als Höllenwesen *wieder*geboren werden, wirst Du *entweder* den Gesang des schlechten Karma [*d.h. die Klagelaute, die aus den Höllenbereichen dringen*] vernehmen, und Du wirst machtlos sein und dort eintreten müssen, oder Du wirst Visionen von einem düsteren schwarzen Land, von einem schwarzen oder einem roten Haus, schwarzen Erdlöchern und schwarzen Wegen, auf denen man gehen muß usw. haben; wenn Du dorthin gehst, gerätst Du in eine der Höllen, wo Du unerträgliche Leiden und Schmerzen, die durch Hitze und Kälte verursacht werden, ertragen mußt. Weil es außerordentlich lange Zeiträume dauert, bis man *aus diesen Höllen wieder* herausfindet, solltest Du auf keinen Fall durch diese Passage gehen! Tritt keinesfalls dort hinein!

Es heißt: ‚Du solltest den Eintritt in eine Gebärmutter verhindern und ihm ernsthaft widerstreben!' Jetzt ist die Zeit gekommen, wo dies notwendig ist!

„Oh Edler ..., obwohl Du nicht zu gehen wünschst, hast Du selbst keine Macht darüber und mußt gehen; von hinten von den Henkern *Deines Karma gejagt* und *von vorne* von Mördern gezogen, erscheinen Dir Visionen von schwarzer Dunkelheit, Orkanen, heftigen Stürmen, lauten Geräuschen und Regen-, Hagel- und Schneestürmen, und Du *möchtest* fliehen. In jenem panischen Zustand suchst Du nach einer Zuflucht, und indem Du entkommst, trittst Du in die oben erwähnten Paläste, Behausungen im Fels, Erdhöhlen, Schlupflöcher im Wald*boden*, in Lotusblüten usw. ein und verbirgst Dich darin. Weil Du dort versteckt bist, wirst Du fürchten, *von dort wieder* herauszukommen, und wirst denken: ‚Es wird *sehr* unpassend sein, wenn ich *jetzt* von hier herauskomme!' Weil Du danach trachtest, sie aus Furcht loszuwerden, wirst Du eine sehr starke Anhaftung an diesen Ort entwickeln. Fürchtend, daß Du – wenn Du von hier herauskommst – den Schrecken und Ängsten des Bardo begegnen wirst, versteckst Du Dich in *jener Behausung*, von Furcht und Panik vor jenen *Verfolgern vereinnahmt*, woraufhin Du - einen niederen Körper annimmst und die verschiedensten Leiden erfahren wirst. Dies ist ein Anzeichen dafür, daß Dämonen und negative Kräfte Dich nun behindern. Weil es für diese Zeit *auch* eine tiefgründige Unterweisung gibt, solltest Du *jetzt unzerstreut* zuhören und Dir *folgendes* zu Herzen nehmen!

Zu dieser Zeit, wo Du von den Henkern *Deines Karma* hilflos gejagt wirst oder Angst und Schrecken in Dir entstanden sind, solltest Du in einem Moment *die außerordentlich zornvollen Gottheiten wie* Buddha Demchog Heruka, Hayagriva, Vajrapani usw. oder – wenn Du eine *persönliche* Yidam-Gottheit hast, diese in ihrer schreckenerregenden zornvollen *Manifestation* aufrecht stehend, mit einem riesigen Körper und großen Gliedmaßen visualisieren, wie sie sämtliche Arten von störenden Einflüssen zu Staub zermalmt! Durch ihren Segen und ihr Mitgefühl wirst Du von den Henkern, *die Dich verfolgen*, befreit und erlangst die Macht, den Eintritt in eine *mütterliche* Gebärmutter zu wählen. Weil *Dir* jetzt die perfekte Quintessenz der tiefgründigen mündlichen Unterweisungen *präsentiert wird*, solltest Du sie Dir zu Herzen nehmen!"

„Oh Edler ..., die Gottheiten in der meditativen Konzentration und andere *Meditationsgottheiten* entstehen durch die Kraft der meditativen Versenkung. Was die Gruppe der Dämonen der Hungergeister usw. betrifft, *denen Du nun begegnen kannst*, so haben sie während dieses Bardo ihre Wahrnehmung *dergestalt* transformiert, daß sie dazu fähig wurden, die unterschiedlichsten Körper von Hungergeistern, Dämonen und negativen Kräften magisch zu erzeugen, bis sie jene Geistkörper, in die sie sich transformierten, *dauerhaft* behielten. Die Hungergeister der Orte, die in den Tiefen der Meere versunken sind, die Hunger geister, die durch die Lüfte brausen, die achtzigtausend Arten *übelwollender* Dämonen usw. haben *nur* dadurch, daß sie ihre Wahrnehmung *entsprechend* änderten, einen solchen Geistkörper erhalten. Zu dieser Zeit ist es am besten, sich die Bedeutung von Mahamudra – die Leerheit – zu vergegenwärtigen; wenn Du darin nicht geübt bist, solltest Du Dich in der Praxis der Illusionshaftigkeit *sämtlicher Erscheinungen* üben; wenn Du auch darin nicht geübt bist, dann solltest Du – *wann* immer Anhaftung *entstehen könnte* – mit Deinem Geist nicht aktiv werden, sondern auf den Yidam Chenrezig meditieren, wodurch Du zu einem Samboghakaya-Buddha werden wirst."

„Oh Edler ..., falls Du nun durch die Kraft des Karma in eine *mütterliche* Gebärmutter eintreten mußt, werden Dir jetzt Unterweisungen darüber, wie *der Eintritt in* eine *mütterliche* Gebärmutter gewählt werden kann, präsentiert. Höre zu! Tritt nicht in irgendeine beliebige *mütterliche* Gebärmutter ein; wenn die Henker erscheinen und Du gezwungen bist, *in eine mütterliche Gebärmutter* einzutreten, solltest Du auf Hayagriva meditieren! Weil Du jetzt über die subtile *Fähigkeit der* übernatürlichen Wahrnehmung verfügst, wirst Du nacheinander die verschiedenen Orte *der Geburt* erkennen; wähle deshalb *gemäß Deiner Voraussicht*! Es gibt zwei *Arten von* Unterweisungen, *nämlich* wie man in ein perfektes Reines Buddhafeld gehen kann und wie man in der unreinen bedingten Existenz *von Samsara* eine *mütterliche* Gebärmutter wählen kann; deshalb handele dementsprechend!

Was erstens die Überführung *Deines Bewußtseinsstroms* in einen perfekten reinen Wirkungsbereich anbelangt, so solltest Du Dich folgendermaßen konzentrieren:

‚Oh weh, traurig ist es, daß ich mich selbst seit unzähligen Weltzeitaltern in diesem Sumpf der bedingten Existenzen *von Samsara* verkörpert habe! Wie schmerzlich, daß ich nicht schon zuvor selbst die Befreiung realisiert habe, während so viele andere die Buddhaschaft erlangt haben! Jetzt entsteht Überdruß vor dieser bedingten Existenz *von Samsara* in mir; ich verabscheue sie; ich bin sie leid! Jetzt ist die Zeit gekommen, wo ich im Begriff bin, *aus der bedingten Existenz von Samsara* herauszutreten; deshalb ist es nun unerläßlich, meine Gedanken ernsthaft auf das westliche Reine Land Dewachen zu konzentrieren, wo ich auf wundersame Weise zu Füßen von Buddha Amitabha in einer Lotusblüte Geburt annehmen werde.'

Stattdessen kannst Du Dich auch voller Hingabe auf ein beliebiges anderes Reines Land wie beispielsweise Abhirati (skrt; tib: mngon.par.dga'.ba), Akanishta (tib: stug.po.bkod.pa), Alakavati (tib: lcang.po.can), Potalaka (tib: ri.bo.ta.la) oder Camaradvipa (tib: Padma.'od.kyi.gzhal.yas.su.ur.rgyan.gyi.drung) konzentrieren. Wenn Du Dich eingerichtet und unzerstreut *auf eines von jenen* ausrichtest, wirst Du unmittelbar im *entsprechenden Reinen Land wieder*geboren werden. Oder wenn Du wünschst, vor Buddha Maitreya ins Reine Land Tushita (tib: dga'.ldan) zu treten, dann solltest Du mit aller Konzentration denken: ‚In diesem Stadium des Bardo wünsche ich jetzt, *nach Tushita zu gelangen und* vor den unübertrefflichen Buddha Maitreya zu treten; deshalb sollte ich *dorthin* gehen!' Dann wirst Du in Gegenwart von Buddha Maitreya in einer geschlossenen Lotusblüte auf wundersame Weise Geburt annehmen.

Für den Fall, daß dies nicht möglich sein sollte und Du fest entschlossen bist, in eine *mütterliche* Gebärmutter einzutreten, oder wenn *sich der Eintritt in eine mütterliche Gebärmutter* nicht mehr hinauszögern läßt, gibt es Unterweisungen, wie man den Eintritt in eine Gebärmutter in der unreinen bedingten Existenz *von Samsara* steuern kann; darum höre *unzerstreut* zu! Wie oben *bereits* ausgeführt solltest Du mittels Deiner übernatürlichen Fähigkeit der Hellsicht einen Kontinent *für Deine Wiedergeburt* wählen, wo die buddhistische Lehre verbreitet ist, und Dich dort hinwenden!

Sollte die *Wieder*geburt auf wundersame Weise in unreiner Materie stattfinden, dann solltest Du Dir in Bezug auf jene *unreine Masse* – was immer es auch sein mag – keine Illusionen machen und weder die Symptome von Anhaftung oder von Abneigung ausbilden; stattdessen solltest Du eine ‚gute' *mütterliche* Gebärmutter auswählen! Es ist sehr wichtig, daß Du Dich *jetzt* in der folgenden Weise konzentrierst: ‚Ach, ich selbst will zum Wohl aller fühlenden Wesen als König der Weltenherrscher oder in einem Brahmanengeschlecht, als Sohn eines realisierten Tantrikers (skrt: Siddha; tib: grub.thob), in einer Familie, in der der Dharma kontinuierlich und unverfälscht *praktiziert wird* oder in einer Familie, in der beide Eltern *zumindestens* voller Hingabe *gegenüber der buddhistischen Lehre* sind, geboren werden; wenn ich *dann* einen *mit* Verdiensten *ausgestatteten* Körper erlangt habe, werde ich fähig sein, den Nutzen der zahllosen fühlenden Wesen zu erbringen.' Indem Du Dich auf diesen Gedanken konzentrierst, trittst Du in eine *mütterliche* Gebärmutter ein! Gleichzeitig solltest Du die *mütterliche* Gebärmutter, in die Du eintrittst, als himmlischen Palast *einer Yidam-Gottheit* visualisieren; während Du in die *mütterliche* Gebärmutter eintrittst, solltest Du inständig zu den Buddhas und Bodhisattvas der zehn Richtungen und den Yidam-Gottheiten – insbesondere zu Chenrezig – beten, daß sie Dir *die* Einweihung *auf die entsprechende Yidam-Gottheit* verleihen mögen.

Weil jedoch bei der Wahl des Eintritts in eine Gebärmutter die Gefahr besteht, den *schwerwiegenden* Fehler zu begehen, aufgrund der Kraft des eigenen Karma den Eintritt in eine günstige Gebärmutter als schlecht bzw. den Eintritt in eine schlechte Gebärmutter als gut anzusehen, ist auch zu dieser Zeit die Kernaussage der mündlichen Unterweisung von größter Wichtigkeit. Deshalb handele *jetzt* folgendermaßen: Selbst wenn der Eintritt in eine Gebärmutter als günstig erscheint, solltest Du keinesfalls Anhaftung an ihn entwickeln, und sollte der Eintritt in eine Gebärmutter als ungünstig erscheinen, dann solltest Du keinesfalls mit Abneigung reagieren! Ohne den *Eintritt in eine* günstige *Gebärmutter* erlangen oder den *Eintritt in eine* ungünstige *Gebärmutter* vermeiden zu wollen, solltest Du in die Natur des großen Gleichmuts, der sowohl von Anhaftung als auch von

Abneigung frei ist, eintreten – dies ist die perfekte tiefgründige Kernaussage."

Weil es jedoch – von wenigen *Individuen*, die sich von der Existenz der störenden Gefühle und den Resten der Krankheit negativer Gewohnheitstendenzen frei machen konnten, abgesehen – *für die Individuen* schwierig ist, sich in dieser Weise von ihrer Anhaftung und Abneigung zu befreien, deshalb gilt es zu verhindern, daß *der Verstorbene* zu *Eltern von* geringsten Fähigkeiten und solchen, die mit den schlimmsten negativen Handlungen beladen sind – den Tieren gleichend – Zuflucht nimmt; aus diesem Grund soll man den Verstorbenen wieder bei seinem Namen rufen und folgende Worte rezitieren:

„Oh Edler ..., wenn Du nicht weißt, wie Du eine *geeignete mütterliche* Gebärmutter wählen *kannst*, und wenn Du nicht in der Lage dazu bist, Dich von Anhaftung und Abneigung zu befreien, dann solltest Du – gleichgültig welche der oben genannten Visionen auch immer aufkommen mag – die Namen der Drei Juwelen aussprechen und Zuflucht zu ihnen nehmen! *Auch* solltest Du zu Chenrezig beten! Du solltest – indem Du Deinen Kopf aufrecht hältst – *davongehen*! Du solltest den Zwischenzustand *als solchen* erkennen! Du solltest *nun damit* aufhören, an Deine Hinterbliebenen, an Deine Söhne und Töchter sowie an Deine Freunde anzuhaften oder Abneigung gegen sie zu hegen! Durch sie kann Dir kein Nutzen mehr entstehen. Du solltest im blauen Licht *aus* der Menschen*welt* oder im weißen Licht *aus* der Götter*welt* verharren! Gehe in die kostbaren Paläste und in die Lusthaine hinein!"

Diese Worte *an den Verstorbenen* soll man bis zu sieben Mal wiederholen. Daraufhin sollte man ein Bittgebet an die Buddhas und Bodhisattvas sprechen sowie ›*das Gebet*, das vor Furcht im Bardo schützt‹, die ›Wurzelverse des Bardo-*Gebetes*‹ sowie ›*Das Gebet*, das während der schwierigen Passage durch den Bardo zur Befreiung führt‹ bis zu sieben Mal lesen. Anschließend sollte man mit klarer Stimme *den Text* ›Die Befreiung durch Tragen *während des Sterbens und der Bestattung*, der die *fünf* Skandhas spontan befreit‹ deutlich verlesen. Auch die ›Dharmapraxis, die die Gewohnheitstendenzen in sich selbst hinein befreit‹ sollte *jetzt* gelesen werden.

Um die Ursachen für eine Wiedergeburt in den sechs Bereichen der Existenz zu reinigen, meditiert man anfänglich über die Leerheit, die dem Muster der acht Arten der Auflösung folgt, und bringt damit den Tod als Dharmakaya eines Buddha in den Pfad ein. Aus dieser nicht-dualistischen Verwirklichung von Leerheit tritt man in Form der für den *eigenen* Yidam typischen Keimsilbe, aus der sich die Gottheit in vollendeter Gestalt entwickelt, oder in Form einer Mudra hervor. Dies ist die Methode, den Zwischenzustand als Samboghakaya in den Pfad einzubringen. Die sich daraus ergebende Erscheinung des Yidam stellt das Einbringen der Geburt dar, die als Nirmanakaya in den Pfad integriert wird. Auf diese Weise werden Tod, Zwischenzustand und Geburt durch die Entwicklungsphase indirekt geläutert.

Die Vollendungsphase kann Tod, Zwischenzustand und Geburt unmittelbar läutern, weil das unfaßliche Bewußtsein, das Teil der undifferenzierbaren Charakteristik des unfaßlichen Windes ist, gewöhnlicherweise ein Kontinuum von entsprechender Weise aufrechterhält und schließlich zum Klaren Licht des gewöhnlichen Todes wird. Wenn *zu Lebzeiten* die Vollendungsphase verwirklicht worden ist, gebietet der Yogi diesem Vorgang durch die Macht seiner ‚meditativen Versenkung' (skrt: Samadhi; tib: ting.nge.'dzin) und transformiert ihn in das ‚Sohn-Klare Licht' *der Stabilisierung des Bewußtseins* und das ‚Mutter-Klare Licht'. Außerdem verwandelt der Yogi den Tod in das Klare Licht der Frucht: den Dharmakaya. Auf diese Weise wird der Tod geläutert.

Der Zwischenzustand wird geläutert, indem ein Yogi der Vollendungsphase durch die Macht seines Samadhi den Zwischenzustand in den sog. unreinen und den sog. reinen Illusionskörper transformiert. Der Zwischenzustand und kraft seiner auch die durch negative Handlungen verursachte Wiedergeburt in einer Gebärmutter wird endgültig gereinigt, sobald ein solcher Illusionskörper erlangt worden ist. Stattdessen geht der Illusionskörper in die alten Skandhas [*die fünf sog. ‚Anhäufungen' des materiellen Skandha der 1) Form* –

unser Körper, aber auch alle wahrgenommenen Formen – sowie die vier nicht-materiellen Skandhas der 2) Gefühle, der 3) Wahrnehmungen, der einen jeden Denkvorgang begleitenden sog. 4) Mentalfaktoren sowie der einzelnen Momente des 5) Bewußtseins. Durch den Vorgang der fälschlichen Identifikation mit einem stabilen, dauerhaften Kern einer eigenen Persönlichkeit, die scheinbar aus diesen Anhäufungen besteht, kommt letztlich alles Leiden in dieser Welt zustande. Dies ist die sog. Wahrheit vom Leiden. Weil die Skandhas durch Karma und leidbringende Geisteszustände vergangener Lebenszeiten angesammelt worden sind, werden sie auch leidinhärent genannt] ein. Dieser Vorgang gleicht dem Eingehen des Zwischenzustandswesens in eine Gebärmutter. Daraufhin nimmt er die Anstrengung auf sich, anderen die Lehre darzulegen und die höheren Pfade zu erreichen. So wird der Vorgang der Geburt gereinigt.[3]

Als gewöhnlicher Tulku wird man durch die Kraft seiner Tugend und Moralität aus vergangenen Leben in der neuen Existenz in einem kostbaren Menschenkörper wiedergeboren werden, der allerdings immer noch Subjekt der karmischen Winde und daher noch nicht in der Wahl seiner Mittel, auf welche Weise er den Wesen nutzen möchte, frei ist. Wenn er seine Dharmapraxis fortsetzt, wird er Bodhicitta entwickeln und schließlich die erste Bodhisattvastufe erreichen. Es ist allerdings immer noch möglich, daß sich negative Gewohnheitstendenzen behaupten, aufgrund derer der gewöhnliche Tulku in niederen Bereichen Wiedergeburt findet.

Ein außergewöhnlicher Tulku dagegen ist völlig von diesen Begrenzungen frei, die von ‚Rest-Karma' herrühren. Er hat die Kraft zu wählen, ob er den Wesen während der neunundvierzig Tage des Bardo der Wiedergeburt helfen möchte, ob er in ein Reines Land eintreten möchte oder ob er nach drei oder vier Tagen, die er in Leerheitsmeditation verweilt, direkt den Ort und die Umstände seiner Wiedergeburt frei wählt. Wenn er zu den einsgerichtet Meditierenden

---

[3] *aus Lati Rinpoche & Jeffrey Hopkins: ›Death, Intermediate State and Rebirth in Tibetan Buddhism‹*, SNOW LION 1985, *S. 69-73; zusammengefaßt und aus dem Englischen vom Übersetzer*

– also entweder zu denen, die im Zustand absoluter Nicht-Aktivität verharren oder zu denen, die im Zustand der Einheit von Relativem und Absoluten ruhen – gehört, dann wird er seinen in Meditationshaltung befindlichen Körper nach drei oder mehr Tagen, während derer er sich unausgesetzt im Zustand des Klaren Lichts befunden hat, verlassen und nur für kurze Zeit ins Bardo eintreten. Wenn er jedoch bereits den Zustand von Nicht-Meditation – also die höchste Mahamudra-Stufe – erreicht hat, dann hat er unmittelbar nach seinem Tod völlige Freiheit. Wenn ein außergewöhnlicher Tulku dieser ersten drei Stufen den Prozeß des Bardo durchläuft und den Bardo der Suche nach einer Wiedergeburt erreicht, verschmilzt er mit seinem Yidam, der seine Gefährtin umarmt, indem er seinen Geist auf ein HRI im Herzen der Gottheit fokussiert. Lichter strahlen zu allen Buddhas und Bodhisattvas sowie zu allen friedlichen und zornvollen Gottheiten aus. Diese senden ihrerseits Licht aus, welches die Essenz aller Buddhas ist und durch die Krone des Kopfes aufgenommen wird, sodann in einen weißen Bindu [*Lichtpunkt*] transformiert wird, der dann durch den Zentralkanal des feinstofflichen Körpers bis zum geheimen Organ, der Spitze des Dorje fließt und von da in den Lotus der Gefährtin eintritt. Daraufhin trennt sich das Bewußtsein von der Gottheit und seiner Gefährtin in einem Moment, und wenn seine erleuchtete Energie sich auf einer physischen Ebene manifestiert, tritt ein weißes OM, die Essenz seines Bewußtseins, aus der geheimen Öffnung der Gefährtin aus. Von diesem Licht strahlt verschiedenfarbiges Licht zu den Buddhas und Bodhisattvas in allen Richtungen, die nun in das weiße OM zurückfließen und von ihm absorbiert werden. Zu diesem Zeitpunkt wird der Bewußtseinsstrom eines außergewöhnlichen Tulku dank seiner Hellsicht um die Eigenschaften derjenigen Weisheitsdakini wissen, die seine Mutter werden wird – und wird dann direkt in ihren Bauch eintreten. Er wird mit einer schönen Erscheinung geboren. Nur ein kurzer Anblick von ihm wird zu Frieden und Freude inspirieren. Ihn zu sehen oder seinen Namen zu hören kann bereits jene befreien, die genug Hingabe haben. Ebenso manifestiert sich die erleuchtete Energie des außergewöhnlichen Tulku auf der Ebene der Sprache, indem ein rotes AH aus der geheimen Öffnung der Gefährtin austritt. Dementsprechend wird er eine sehr melodiöse, ausdrucksreiche Stimme haben und die Sutren und Tantren extrem geschickt erklären können, denn es ist die alleinige

Absicht einer Inkarnation dieser Ebene, den Dharma zum Wohle aller fühlenden Wesen zu verbreiten. Die Energie des Tulku nutzt den Wesen durch die Kraft des Geistes, indem ein blaues HUNG aus der geheimen Öffnung der Gefährtin austritt. Dadurch wird diese Inkarnation durch die Aktivität seines Geistes Frieden und Freude zu allen Wesen bringen. Obgleich er großes Mitgefühl besitzt, mag er sich, wenn es notwendig ist, in zornvoller Weise benehmen. Seine Meditation wird sehr erfolgreich sein. Wenn sich die erleuchtete Energie als Qualitäten aller Buddhas manifestiert, wird ein goldenes SO ausstrahlen. So wird der Tulku den Wesen durch die Geschicklichkeit in den fünf äußeren Wissenschaften [*Technologie, Medizin, Logik, Musik und Sprache*] und die ‚inneren Wissenschaften', die durch den Gebrauch der drei Yanas den Geist verfeinern, nützen. Er wird ein langes, glückliches und komfortables Leben haben und fähig sein, eine große Zahl von Anhängern anzuziehen. Die erleuchtete Energie manifestiert sich auf der Ebene der Aktivität, indem ein grünes HA ausgestrahlt wird. So wird der Tulku über eine hochentwickelte Formmeditation und eine extrem kraftvolle Mantra- und Tantrapraxis verfügen, durch welche er den Wesen direkt nutzen kann, indem er kranken Menschen helfen und Geister und Dämonen unterwerfen kann.

Ein Bodhisattva der zehnten Stufe kann fünf Arten von Inkarnationen emanieren, jede mit ihrer eigenen Charakteristik, die alle direkt vom Dharmakaya ausstrahlen. Bodhisattvas geringerer Stufen reinkarnieren, indem sie im Bardo der Suche nach einer Wiedergeburt die Gottheit ohne Gefährtin visualisieren und sie sodann in Licht auflösen und in die Leerheit verschmelzen. Aus dieser Leerheit kehren sie – je nach Yidam – als Buchstabe HRI oder HUNG zurück und werden dann wie ein Pfeil ins Reine Land geschossen – daraufhin wird der Bodhisattva Erleuchtung erreichen. Nun kann er ebenfalls verschiedene Arten von Inkarnationen ausschicken. Ein großer Bodhisattva wird, obgleich er die Kraft hat, ins Nirvana einzugehen, durch sein Mitgefühl die Reinkarnation wählen. Abhängig von den Wünschen der Wesen wird er dabei eine königliche Linie, eine Mahasiddha-Linie oder eine arme, aber verdienstvolle Familie auswählen. So haben immer wieder noble Familien viele Generationen lang eine große Anzahl hoher Inkarnationen hervorgebracht, die für die Wesen unendlich viel Gutes getan haben. Kostbare Inkarnationen haben Dharmapalas bestimmt, die gewöhnliche Wesen daran hinderten, in diese Familien hineingeboren zu werden. Aus übergroßem Mitgefühl lassen sich einige Bodhisattvas sogar in sündhafte Familien oder in Familien von Geistern gebären, um sie zu unterwerfen und das Leiden dieser Wesen zu verringern. Andere inkarnieren in Familien, die durch Kontrolle der vitalen Kräfte in den Kanälen des feinstofflichen Körpers Tantra verwirklicht und Befreiung erreicht haben. Dann werden sie unmittelbar nach der Geburt dem Dharma begegnen und keine Schwierigkeiten haben, zu praktizieren und zu lernen.

Ein Wesen, das die höchsten Stufen tantrischer Praxis erreicht hat, weil es während seines vorherigen Lebens nachts die Traum-Praxis geübt hat, tagsüber die Belehrungen über den Illusionskörper und die verschiedenen Bardos in den Pausen zwischen seinen Meditationen angewendet hat sowie während seiner Praxisphasen Mantrarezitationen und die Visualisierung seines Guru und seines Yidam vorgenommen hat, wird seine zukünftigen Eltern als Yidam mit Partnerin, von denen er geheime Initiationen erhält, sehen. Im gleichen Moment wird er Bodhicitta entwickeln und geloben, die geheime Einweihung zum Nutzen aller fühlenden Wesen zu nehmen. Daraufhin visualisiert er den Mutterleib als ein Mandala und meditiert, daß die beiden von Vater und Mutter ausstrahlenden Bindhus Sonne und Mond sind. Dann wird er den Buchstaben erzeugen, der von derjenigen Gottheit übertragen wird, mit der er zu verschmelzen wünscht. Von diesem Buchstaben strahlt Licht zu allen Buddhas und Bodhisattvas aus, die mit diesem Licht aus den zehn Richtungen zurückkehren und die Ermächtigungen von Körper, Rede und Geist geben. Mittlerweile hat sich der Buchstabe in die Gottheit transformiert, mit der der Bodhisattva zu verschmelzen wünschte. So wird der Bodhisattva auf Chenrezig meditieren, wenn er den Wesen durch Mitgefühl helfen möchte, auf Shakyamuni, wenn er den Wesen durch sein Wissen zu nutzen wünscht, auf Vajrapani, wenn Kraft gebraucht wird, um den Wesen Gutes zu tun, und auf Guru Rinpoche, wenn er anderen durch Hellsicht und besondere Fähigkeiten zu helfen wünscht. Im Mutterleib sitzt ein solches Wesen in Meditationshaltung, mit keinerlei Bewußtsein von den Schmerzen des Wachstums seines Körpers. Auch bei der Geburt wird eine hohe Inkarnation nicht die Leiden eines gewöhnlichen Kindes erfahren. Seine Mutter erfährt große Leichtigkeit und Freude, hat gute Träume und sieht wundervolle

Omen und Zeichen – sie hört beispielsweise Mantras, träumt, daß ein Dorje ihr Herz durchbohrt hat oder von einem goldenen Rad. Das Baby wird oft in der Meditationshaltung geboren, manchmal sagt es gleich Mantras oder grüßt seine Eltern. Während der Praxis erreichen diesen Bodhisattvas Realisation ohne Anstrengung.[4]

---

[4] *aus Lama Lodrös ›Bardo-Teachings – the Way of Death and Rebirth‹*, SNOW LION 1987, S. 48-52; *aus dem Englischen übertragen und sinngemäß zusammengefaßt vom Übersetzer*

Schlußbemerkungen

Wenn man in dieser Weise vorgeht, werden *selbst* Yogis, die *aufgrund ihrer Praxis die wahre Natur des Geistes* nicht realisieren konnten, *ihr Bewußtsein* im Bardo des Sterbens durch *die Praxis* von Phowa *hinausschleudern können*; so müssen sie den Zwischenzustand nicht durchschreiten, sondern erlangen die Befreiung, indem sie ihr Bewußtsein übertragen. Einige Individuen, die über geringere *Meditations*erfahrung verfügen, werden nach dem Bardo des Sterbens das Klare Licht des wahren Wesens identifizieren und so *aus den leidhaften Erfahrungen des Zwischenzustandes* ausscheren. Von den noch weniger versierten *Praktizierenden* werden je nach den Besonderheiten ihrer Fähigkeiten sowie aufgrund der Resultate ihres Karma einige die Befreiung erlangen und einige nicht, wenn in den folgenden Wochen im Bardo des Todes die friedlichen und zornvollen Gottheiten erscheinen. Da es unterschiedliche Stufen des Passierens *des Bardo* gibt, werden jene *Praktizierenden* die ihnen gemäßen *Stadien* identifizieren und *dadurch* zur Befreiung gelangen. Jene jedoch, deren Karma noch schwächer ist, und jene, die viele negative Handlungen begangen haben bzw. deren Karma außerordentlich schlecht ist, müssen *trotz des Hörens dieses Textes* durch den Bardo der *Suche nach einer Wieder*geburt wandern; weil es aber nicht nur eine einzige Art der Anleitung *während des Durchschreitens der verschiedenen Bardos*, sondern eine *regelrechte* Stufenfolge *der entsprechenden Unterweisungen* gibt, werden einige *Individuen* sie *nun* erfassen und zur Befreiung gelangen, während andere *Individuen* sie nicht erfassen und nicht zur Befreiung gelangen werden. Solche Individuen jedoch, die nicht zu den bisher erwähnten gehören, weil ihr Karma noch schlechter ist, werden *trotz des Hörens dieses Textes keinesfalls* zur Befreiung gelangen, sondern unter den Einfluß von Furcht und Schrecken geraten; weil es jedoch für sie sehr unterschiedliche gestufte Arten von Unterweisungen, wie eine geeignete *mütterliche* Gebärmutter gewählt werden kann, gibt, werden einige *von ihnen diese Unterweisungen* erfassen, während andere sie nicht erfassen bzw. *entsprechend* visualisieren können, wodurch sie nicht *zu solch einem günstigen* Ort gelenkt werden können. *Dermaßen* grenzenlos sind die Qualitäten *dieses Vorgehens.*

Selbst die allerniedrigsten *Individuen*, die den Tieren gleichen, entkommen aufgrund der Tugend, die sie mittels des Nehmens der Zuflucht *angesammelt haben, einer Wiedergeburt* in den niederen Bereichen; sie werden einen mit allen Mußen und Freiheiten ausgestatteten kostbaren menschlichen Körper [*der frei von den jeweiligen Leiden, die in den sechs Bereichen der Existenz innerhalb des Begierdebereiches erfahren werden, ist, und mit den erforderlichen Qualitäten ausgestattet ist, die es ihm ermöglichen, seine menschliche Geburt zu nutzen, um sich spirituell weiterzuentwickeln*] annehmen und werden in ihrer nächsten Existenz auf einen Lama, der *ihr* ‚spiritueller Freund' [*d.h. ihr spiritueller Lehrer*] ist, treffen, indem sie *von ihm* Unterweisungen *zur Sichtweise und Meditationspraxis* erhalten, und sie werden *schließlich* die Befreiung erlangen.

Erstreckt sich diese Lehre *auch* auf den Bardo der *Suche nach einer Wieder*geburt, dann dehnt sich dadurch die Kontinuität des positiven Karma *des Verstorbenen* aus; die Unterweisungen wirken so, als ob man in eine unterbrochene Wasserleitung ein Rohr einfügen würde; deshalb ist es selbst für die größten Missetäter unmöglich, die Befreiung nicht zu erlangen, wenn sie diese Lehre gehört haben. Dies ist so, weil zu der Zeit, während *der Verstorbene* im Bardo *weilt*, sowohl sämtliche Buddhas, deren Mitgefühl ihn begleitet, als auch die Maras [*d.s. übelwollende Dämonen*] und *sämtliche unpersönlichen* Hindernisse sich versammeln; wenn *der Verstorbene* unterdessen diese Lehre lediglich hört, transformiert sich seine Auffassung *von der Natur der Erscheinungen*, und die Befreiung wird erlangt. Weil *der Verstorbene* ferner einen Geistkörper und nicht einen Körper aus Fleisch und Blut besitzt, ist *jener* leicht zu transformieren. Selbst wenn er weit entfernt im Bardo umherirren sollte, wird er aufgrund von subtilen übernatürlichen Fähigkeiten, die durch sein Karma *bedingt sind* – indem er *den Vortragenden* sieht und hört – *zu ihm* kommen; weil *das Bewußtsein des Zwischenzustandswesens* sich *an Sachverhalte* erinnern und *die vorgetragenen Anweisungen* erfassen kann, ist es ihm möglich, den intellektuellen Aspekt *seines Geistes* in einem Moment zu transformieren – deshalb ist diese Lehre von außerordentlichem Nutzen! Man kann die Lehre *der Befreiung durch Hören im Zwischenzustand* beispielsweise mit einem Katapult oder mit einem riesigen Baumstamm, den hundert Männer nicht fortbewegen können, der aber – wenn er ins Wasser gebracht wird – alsbald überall dorthin, wo man ihn zu haben wünscht, gebracht werden kann, vergleichen. *Auch* ist sie damit, daß man ein Pferd mit den Zügeln lenkt, zu vergleichen. Aus diesem Grund sollte sich bei allen Verstorbenen eine vertraute Person – wenn die Leiche zugegen ist – in die Nähe *von ihr* begeben, und solange aus deren Nasenlöchern weder Blut noch gelblicher Schleim ausgetreten ist, *diese Anweisungen* wieder und immer wieder klar und deutlich vortragen! Bis zu diesem Zeitpunkt sollte der Leichnam nicht gestört werden. Aufgrund der *zentralen buddhistischen* Verpflichtungen, die sich auch auf den Toten auswirken würden, darf kein Lebewesen geschlachet werden, *um den Trauergästen beim Leichenschmaus Fleisch zum Verzehr anbieten tu können*. Ebensowenig dürfen in der Nähe der Leiche die Hinterbliebenen oder anwesende Freunde weinen, jammern, trauern oder wchklagen; stattdessen sollten sie so viele tugendhafte Handlungen [*beispielsweise Meditationen ausführen oder bestimmte Gebete zum Nutzen des Verstorbenen rezitieren*] wie möglich ausführen!

Darüberhinaus kann dieser *Text* ›Die große Befreiung durch Hören im Zwischenzustand‹ sowie andere Arten von Lehren, die *das Sterben und den Tod aus buddhistischer Sicht betreffen und* irgendwo gelehrt worden sind, im Anschluß an diese Instruktionen vorgetragen werden; es ist sehr gut, wenn *diese Gebete an dieser Stelle* präsentiert werden! Deshalb sollte man diesen *Text* immer wieder rezitieren und *womöglich* seine Worte und seine Redewendungen auswendig lernen; dann wird man, wenn die Zeit des *eigenen* Bardo des Sterbens angebrochen ist, die Zeichen des Todes erkennen und – wenn der eigene Zustand es einem *dann noch* gestattet – *diesen Text* selbst rezitieren sowie die Bedeutung der Worte im Geist reflektieren können; läßt der eigene Zustand dies nicht mehr zu, sollte man einen Dharmabruder *oder eine Dharmaschwester* mit dem klaren *und deutlichen* Lesen *dieses Textes* betrauen – so wird man sicherlich und unzweifelhaft die Befreiung erlangen.

Diese Lehren bedürfen nicht der Vervollkommnung durch Meditation *zu Lebzeiten,* sondern sie führen zur Befreiung, indem man sie *lediglich* sieht, hört oder liest; so tiefgründig sind diese Unterweisungen! Dies ist die tiefgründige Unterweisung, die *selbst* die größten Missetäter auf den geheimen Pfad *des Vajrayana zur Vervollkommnung* führt. Man sollte die Worte und Redewendungen *dieses Textes* nicht vergessen, selbst wenn sieben Bluthunde einen hetzen sollten; dann wird man im *Moment des* Sterbens die mündlichen Unterweisungen der Buddhas *empfangen.*

Wenn sämtliche Buddhas der drei Zeiten [*d.i. Vergangenheit, Gegenwart und Zukunft*] eine Lehre suchten, die dieser überlegen wäre, so würden sie keine finden!

Hiermit ist die tiefgründige Quintessenz *der Belehrungen,* die Bardo-Unterweisung, die mit einem Körper versehene Wesen zur Befreiung führt, die ›Die große Befreiung durch Hören im Zwischenzustand‹ genannt wird, abgeschlossen.

Dies ist ein sog. kostbarer Schatztext (tib: gter.ma), der vom Siddha Karma Lingpa aus dem Berg Gompodar geborgen worden ist. Mögen *alle Wesen* Glück haben!

Vorbereitung auf Sterben und Tod

Allgemeine Überlegungen

Die Hindernisse, die dadurch entstehen, daß man nicht über den Tod meditiert, sind zahllos. Sie lassen sich unter den folgenden Gesichtspunkten zusammenfassen: 1) Wenn man nicht über den Tod meditiert, wird man seine Kraft, den Dharma zu üben, verlieren, indem man sein Leben in sinnlosen Aktivitäten verschwendet. 2) Man wird, auch wenn man sich dem Dharma zuwendet, dessen Ausübung immer wieder aufschieben. 3) Außerdem wird man seine Dharma-Übungen durch die acht weltlichen Ziele – also durch Streben nach Reichtum sowie durch unausgesetzte Bemühungen, Armut zu vermeiden; durch Verlangen nach Geltung und Ansehen und Furcht vor schlechtem Ruf; durch Vorliebe für schmeichelnde und Abneigung gegen unangenehme Worte; und durch Suche nach momentanem Glück und Angst vor Schwierigkeiten – verwässern. 4) Viertens wird man seine Handlungen nicht sehr kraftvoll gestalten, so daß man das Praktizieren des Dharma gleich beim ersten größeren Hindernis wieder aufgeben wird. Und 5) fünftens wird man nicht aufhören können, unheilvolles Karma zu schaffen, weil man das Wissen um den Tod ignorieren wird. S. H. der sechzehnte Gyalwa Karmapa sagte dazu, daß man den Tod jetzt fürchten sollte, solange noch Zeit zum Handeln bleibt, zur Zeit seines Todes jedoch sollte man furchtlos sein.

Die Vorteile, die dadurch entstehen, daß man über den Tod reflektiert, sind grenzenlos. Man kann sie unter den folgenden Gesichtspunkten zusammenfassen: 1) Das Leben wird sinnvoll. 2) Ausserdem ist das Todesbewußtsein ein äußerst machtvoller Gegenpol zu den illusionären Erscheinungen; wenn man sich auf den Tod besinnt, sobald Anhaftung oder Abneigung entstehen, können diese Verwirrungen sofort zerstört werden. 3) Drittens wird der Tod nicht überraschend kommen, und er wird frei sein von Furcht und Reue. Eine Person, die ihre ganze Kraft dem Dharma gewidmet hat, wird in einem glückseligen Gefühl der Freude sterben; wer den Dharma fleißig geübt hat, wird glücklich sterben, und wer ihn nur wenig geübt hat, der stirbt zumindest ohne Angst.

Es gibt zwei Hauptwege, um über den Tod zu meditieren. Der erste entstammt den Sutren-Belehrungen des Buddha und wird beispielsweise in Gampopas ›Juwelenschmuck der Befreiung‹ dargestellt. Hier kontempliert man über die Unabwendbarkeit des Todes, beispielsweise indem man der Überlegung folgt, daß das Leben in jedem Augenblick abnimmt; man denkt ferner über die Ungewißheit des Zeitpunktes des Todes nach, indem man sich etwa vor Augen hält, daß die vier Elemente, die die physikalische Grundlage unseres Körpers bilden – nämlich Feuer, Erde, Wasser und Luft – wie vier Schlangen in einem Korb sind, von denen die stärkste ständig versucht, die schwächeren zu überwältigen; wenn es einer von ihnen gelingt, dann ist das eigene Leben in Gefahr. Nur wenn diese Elemente im Gleichgewicht miteinander sind, hat man einen gesunden Körper. So ist das eigene Leben wie eine Kerzenflamme im Wind. Im Augenblick des Todes zählt nichts anderes als die eigene spirituelle Verwirklichung. Durch solche Reflektionen und Meditationen wird die letztendliche Entscheidung wachsen, den Dharma hier und jetzt rein und unverfälscht von materialistischen Tendenzen solange zu üben, bis Resultate eingetreten sind, die einen dem eigenen Tod furchtlos entgegenblicken lassen.[5]

Wenn es dereinst ans Sterben geht, ist es wichtig, auf diesen Prozeß vorbereitet zu sein. Worin besteht nun diese Vorbereitung? Sie besteht darin, im Rückblick auf sein Leben so gelebt zu haben, daß man seine schwarzen Taten nicht erst kurz vor dem Sterben – d.h. dann, wenn es eindeutig zu spät ist – bedauert; sie besteht darin, aus den Ereignissen seines zu Ende gehenden Lebens die richtigen Schlußfolgerungen zu ziehen; sie besteht darin, Liebe und Mitgefühl für andere Wesen zu entwickeln, solange noch Zeit dafür ist. All dies kann jedoch nur entstehen, wenn man zu Lebzeiten immer wieder über den Tod nachgedacht hat. Idealerweise hat man sich außerdem ausgiebig mit ‚der Lehre, die erklärt, wie die Dinge sind‘ (skrt: Dharma; tib: chos) [*im Westen irreführenderweise ‚Buddhismus‘ genannt*] befaßt und sich eventuell mit entsprechenden praktischen Übungen auf das Sterben vorbereitet. Wer seine Vorbereitung auf das Sterben so weit vorangetrieben hat, daß sie/er die Natur ihres/seines eigenen Gei-

---

[5] *aus Tsele Natsok Rangdröls* ›The Mirror of Mindfulness‹ RANGJUNG YESHE PUBLICATIONS *1993, S. 102ff; aus dem Englischen übertragen und sinngemäß zusammengefaßt vom Übersetzer*

stes im Wachzustand wie im Schlaf [*d.h. im Traum*], bei Gesundheit wie in Krankheit, wenn es ihr/ihm gut geht oder wenn sie/er schlecht behandelt wird und leidet, realisiert hat, der hat alle Todesangst überwunden und kann selbst dann glücklich und gelassen sein, wenn der Tod kommt.

Auf das Sterben kann man sich nur angemessen vorbereiten, indem man sich entschließt, das Leben bis ins Innerste hinein neu zu erforschen. Nur wer weiß, was das Leben ausmacht, kann wissen, worin dessen Ende besteht! Dazu muß man einen Geisteszustand in sich erzeugen, der einen des gegenwärtigen – lebendigen – Momentes gewahr sein läßt. Das aber ist das Allerschwierigste! Statt sich auf die eigene momentane gegenwärtige Bewußtheit zu konzentrieren, werden gewöhnliche [*d.h. nicht in Meditation geübte*] Wesen ständig von ihren Pflichten und Verantwortungen, die sie im äußeren Leben zu erfüllen haben, sowie von ihren selbstgesteckten weltlichen Zielen und Aufgaben, die sie gewohnterweise voll und ganz gefangen nehmen [*traditionellerweise: von Hoffnung und Furcht – d.s. die Gedanken, die sich entweder hoffnungsvoll auf die Zukunft ausrichten oder sich ängstlich an Vergangenes klammern*], abgelenkt. Stattdessen sollte man sich jeden Tag und jede Stunde folgende Frage vorlegen: „Wenn ich wüßte, daß ich in den nächsten Stunden sterben müßte [*oder wenn ich heute erführe, daß ich an einer unheilbaren Krankheit leide, durch die ich bald sterben muß*], wären dann nicht die meisten Dinge, für die ich bisher gelebt habe, dadurch vollkommen bedeutungslos für mich geworden? Was wäre dann entscheidend? Was könnte meinem Leben dann noch einen Sinn geben?" Wir wissen doch, daß unser Körper sehr viel komplexer ist als irgendwelche Maschinen, die uns die Arbeit erleichtern. Diese Maschinen gehen ständig kaputt – auch unser Körper leiert immer mehr aus und geht unweigerlich immer mehr kaputt [*er hat mit Krankheiten zu tun, und wir altern ständig*]. Wir müssen uns also als erstes mit der Vergänglichkeit aller äußeren Dinge ebenso wie mit der Vergänglichkeit und Sterblichkeit unserer selbst abfinden.

Leben ist Veränderung. Leben besteht aus unendlich vielen Prozessen, die sich irgendwann einmal erschöpfen. Selbst das Leben selbst erschöpft sich irgendwann einmal. Es ist die Quintessenz dieser Auseinandersetzung mit Vergänglichkeit und Sterblichkeit, dem Sinn des eigenen Lebens auf die Spur zu kommen.

Wir leben in einer Welt, die aus scheinbar verläßlichen äußerlichen Rahmenbedingungen besteht und – so machen wir uns vor – ewig und dauerhaft sei. Auch wir selbst seien ewig und dauerhaft [*wenn nicht unser Körper, dann doch wenigstens unser Ich, unsere Seele oder unser Persönlichkeitskern*]. Wer jedoch beispielsweise schon einmal ein sog. ‚Nahtoderlebnis' hatte oder lebensgefährliche Situationen durchlebt hat, erinnert sich vielleicht daran, daß sie/er anschließend wie befreit von der Illusion des nicht der Veränderung unterworfenen Lebens war. Das Leben selbst besteht aus nichts anderem als trügerischen Vorstellungen über sich selbst und die eigenen Erfahrungen. Alles verändert sich ständig; dieser Prozeß permanenter Veränderung bzw. konstanten Fließens nennt man Leben.

Ein ‚Leben nach dem Tod' ist insofern Illusion, als man nicht ‚selbst' derjenige ist, der dieses folgende Leben erleben wird. In diesem Zusammenhang ist auch mit größtem Nachdruck vor Selbstmord zu warnen: Wer sich – selbst um den Schmerzen und Ängsten einer unheilbaren Krankheit oder einer unhaltbaren Situation zu entrinnen – selbst das Leben nimmt, wird nicht nur eine außerordentlich schlechte Wiedergeburt erlangen, sondern zudem durch diese Selbsttötung die Gewohnheitstendenz in seinem Bewußtseinsstrom verankern, in zukünftigen Existenzen beim Aufkommen von Schwierigkeiten immer wieder zur Selbsttötung zu tendieren. Dies ist so, weil das Gesetz von Ursache und Wirkung nicht nur steuert, was erlebt wird, sondern auch wie diese Erlebnisse gedeutet und erfahren werden, und sogar wie man ihnen handelnd zu begegnen trachtet. In diesem Zusammenhang ist das Zitat aus Shantidevas ›Bodhicharyavatara‹ zu verstehen: „Was immer es an Freude und Glück in dieser Welt gibt, kommt vom Wunsch, andere mögen glücklich sein; was immer an Leid ist auf dieser Welt, kommt von dem Wunsch, man selbst möge glücklich sein."

Man sollte sich also jeden Moment fragen, ob man nicht gerade jetzt oder kurz darauf sterben wird. Immer sollte man das Todesbewußtsein aufrechterhalten. Wenn man so vorgeht, wird man seinen Handlungen nach und nach eine angemessene Basis – nämlich Bodhicitta – zugrundezulegen, und – wenn man Belehrungen und Praxisanweisungen von authentischen Lehrern erhalten hat – diese konsequent und kontinuierlich solange ausüben, bis man dem eigenen Tod ohne Angst entgegenblicken kann.

Als nächstes sollte man sich die Frage vorlegen, was es denn ist, das das Leben wie das Sterben in einem erlebt und erleidet. Dann wird man schließlich zu der Einsicht gelangen, daß es der eigene Geist [*genauer: der Aspekt des eigenen Geistes, der die Erfahrungen dieses Lebens in Hinsicht auf ein vermeintlich wirklich bzw. dauerhaft existierendes Ich verzerrt; der Erkenntnisaspekt des Geistes, der die äußeren wie die inneren Phänomene so wahrnimmt, wie sie tatsächlich sind, ist unsterblich – aber auch unpersönlich*] ist, der die körperlichen Leiden des Sterbens durchlebt, und daß es lediglich der eigene Körper ist, der stirbt. Im Sterben trennen sich Körper und Geist, und der Körper zerfällt. Der Aspekt des durch den Eindruck eines vermeintlich wirklichen Persönlichkeitskerns getäuschten Bewußtseins springt von einer Wahrnehmung bzw. von einer scheinbar soliden und wirklichen Erfahrung zur nächsten und wird dabei der Übergänge und Veränderungen – der äußerlichen wie der innerlichen Prozesse – gar nicht gewahr. Allerdings bietet sich im Leben wie im Sterben und im Tod die Möglichkeit, die Übergänge zwischen vermeintlichen Resultaten bzw. dasjenige, was hinter der wahrgenommenen Wirklichkeit liegt, zu erfassen und dadurch das Wesen des eigenen Geistes zu realisieren – dadurch schert man aus dem Automatismus des Sterbevorganges und der anschließenden Prozesse aus und transformiert sein Bewußtsein in einen Zustand, der sämtliche Ereignisse in einer reinen Form bzw. so, wie sie tatsächlich sind, wahrzunehmen und dementsprechend sehr viel angemessener auf sie zu reagieren vermag, als dies gewöhnlichen Wesen [*die die Natur ihres eigenen Geistes noch nicht erkannt und verwirklicht haben*] jemals gelingen kann.

Aktive Sterbehilfe für andere Personen

Wenn der Tod kommt, soll man andere bzw. sich selbst ermutigen, nicht mehr über Vergangenes nachzudenken und an alten Sorgen zu haften, sondern seine ganze Kraft zusammenzunehmen und sein ganzes Leben hinter sich zu lassen. Ohne jede Ablenkung oder Störung [*dies ist umso wichtiger, je ungeübter der Sterbende darin ist, seinen Geist in Meditation ruhen zu lassen*] soll sich der Sterbende ganz auf den wichtigsten Schritt seines Lebens – d.i. der Schritt aus dem Leben hinaus in den nächsten Zustand – konzentrieren! Der Todesmoment stellt eine einzigartige Möglichkeit dar, alles, worauf man sich während des Lebens durch konzentrative und meditative Übungen vorbereitet hatte – mit tatsächlichem Erkennen zu durchdringen. Dies ist so, weil sich im Todesmoment das sog. Klesha-Bewußtsein [*d.i. das Bewußtsein, das unter dem Eindruck der Ich-Illusion steht – man könnte es auch als den relativen bzw. getäuschten Geisteszustand übersetzen*] in das Basisbewußtsein bzw. das Unterbewußtsein hinein auflöst; in diesem Moment der Wahrheit liegt die Möglichkeit zur Erleuchtung – wenn es einem gelingen sollte, der überaus starken unbewußten Tendenz, sich hemmungslos an alles zu klammern, was man nun zu verlassen gezwungen ist, zu widerstehen. Gelingt dies, dann wird der Geisteszustand, in den man durch das Sterben gerät, dermaßen selbstverständlich und vertraut, als ob ein Kind in die Arme seiner Mutter läuft. Bleibt man in diesem Zustand, dann hat man die Erleuchtung [*genauer: die Befreiung bzw. die Verwirklichung der ersten Bodhisattvastufe*] realisiert. Es ist selbstredend außerordentlich vorteilhaft, wenn man zu diesem Zwecke bereits zu Lebenszeiten in die Natur des eigenen Geistes eingeführt wurde und die damit verbundenen Einsichten so ausgiebig wie irgend möglich üben und vertiefen konnte.

Wenn man jemandem helfen möchte, der bald sterben wird – gleichgültig ob jener einer spirituellen Tradition angehört und zu Lebzeiten dementsprechend praktizierte oder nicht – dann ist es unumgänglich, dem Sterbenden zur Annahme des unmittelbar bevorstehenden Todes zu verhelfen. Beim ersten Besuch bei einem Sterbenden lenkt man das Gespräch am Besten selbst gar nicht auf Sterben und Tod, sondern bietet ihm vielmehr von ganzem Herzen seine Freundschaft, mitmenschliche Wärme und womöglich sogar aufrichtig empfundene Liebe an; manchmal führt allein die persönliche Anwesenheit und liebevolles stilles Zuhören dazu, daß der Sterbende seine tiefsten Ängste und Sorgen zum Ausdruck bringt und dem Sterbehelfer quasi ‚sein Herz ausschüttet'. Dafür ist allerdings ausschlaggebend, daß man dem Sterbenden glaubwürdig versichern kann, daß man sich selbst nicht vor dem fürchten wird, was der Sterbende einem – als sei man quasi sein Beichtvater – eröffnen und mitteilen wird, sondern daß man ihm vielmehr in diesem bedeutungsvollsten aller Schritte beistehen wird, so daß er diese Prüfung nicht alleine durchstehen muß. Wenn das Vertrauen zum Sterbehelfer bereits etwas gediehen ist und das Sterben nicht mehr lange auf sich warten läßt, sollte man den Sterbenden darauf vorbereiten, daß er zunächst einmal ganz praktisch immer abhängiger von der Hilfe anderer werden wird, und daß er schließlich auf einen Prozeß zunehmenden Orientierungsverlustes zuschreitet. Ideal wäre es, wenn der Sterbende zuhause im Kreis seiner Familie sterben kann – dazu muß man jedoch einen Familienrat einberufen, damit man die Familienmitglieder entsprechend vorbereiten kann [*denn mit dem Sterben daheim gehen nicht nur bestimmte praktische Erfordernisse einher, sondern die Familienangehörigen müssen auch die Ängste bewältigen, die Sterben und Tod in ihrer unmittelbaren Umgebung auslöst*]; u.U. kann der Sterbehelfer mit der Hospizbewegung kooperieren – insbesondere wenn der Sterbende Schmerzmittel benötigt. Läßt sich eine Einweisung in ein Krankenhaus nicht vermeiden, dann sollte man womöglich mit den Ärzten und dem Pflegepersonal die Umstände so regeln, die dem Menschen ein natürliches Sterben ohne medizinische Intervention – vorzugsweise in einem Einzelzimmer, wo der Körper noch einige Zeit nach Eintritt des Todes [*so lange wie möglich*] ungestört liegengelassen wird, erlauben. Womöglich versucht man im Interesse des Sterbenden/Verstorbenen einer Organentnahme bzw. einer Sektion zur Bestimmung der Todesursache zu widersprechen.

Für den Sterbenden selbst ist es von größter Bedeutung, ihn in der ihm verbleibenden Zeit noch so gut wie möglich auf das Sterben vorzurcüten [*indem man – so man einen kennt, und sei es nur, weil man ein Foto von einem hohen Lama gesehen hat, zu dem man spontan Vertrauen und Hingabe verspürte – zu einem realisierten Lama betet, anschließend das ›Tibetische Totenbuch‹ liest, und zum Abschluß einer jeden dieser Lesungen das dadurch entstandene Verdienst so aufrichtig wie möglich dem Wohl aller anderen Wesen, die ja sämtlich auch bald werden sterben müssen, widmet*]. Der Sterbende sollte seine ganze Kraft darauf konzentrieren, sein Sterben gemeinsam mit seinen Lieben, die er zurückläßt, mit Stärke, Liebe und Vertrauen anzugehen. Und bevor er geht, sollte er ihnen in einer intimen Situation das Herz öffnen, indem er ihnen die Erkenntnisse weitergibt, die das Leben ihn gelehrt hat; so läßt er den wichtigsten Teil von sich bei ihnen zurück – sie werden die Inspiration und Kraft, mit der er sein Vermächtnis an sie weitergegeben hat, für den Rest ihres Lebens nicht mehr vergessen [*schon weil es einer der letzten Eindrücke ist, den die Familie des Sterbenden von ihm mitnimmt, die bekanntlich unauslöschlich im Gedächtnis haften*].

Die Angehörigen sind dazu gehalten, in dieser letzten Phase des Lebens des Sterbenden verständnisvoll und liebevoll alles auszudrükken und offenzulegen, was sie bislang immer zurückgehalten haben – auch wenn es sich dabei um Schwierigkeiten handelt, die ja bekanntlich immer zwei Seiten haben; dann sollten beide in Ruhe die andere Seite hören, dann eine Weile gemeinsam schweigen, und dann einander vergeben! So soll man als Angehöriger dem Sterbenden seine ganze Liebe rückhaltlos zeigen, damit auch er einem vergeben kann, wo immer dies angebracht ist.

Wenn der Sterbende keinen spirituellen Weg verfolgt hat, sollte der buddhistische Sterbehelfer ihn ermutigen, sein Leben zu überschauen und den Sinn seines Lebens zum Ausdruck zubringen: was ihn beispielsweise inspiriert hat, welche Schwierigkeiten er gut gelöst hat, und welche Einsichten und Erfolge für ihn wichtig waren. Statt diese Menschen zum Buddhismus ‚zu bekehren' [*was der historische Buddha seinen Nachfolgern aufs Entschiedenste untersagt hat*], sollte er in seiner Gegenwart still seine eigene Praxis machen, um so durch die Präsenz und das Vertrauen [*d.h. den Segen*], den er ausstrahlt, den Sterbenden zu etwas zu inspirieren, was jenseits von Worten liegt; dadurch kann der Sterbende eine Kraft bekommen, auf die er sich während des Prozesses von Sterben und Tod verlassen kann.

Wenn ein Mensch im Herannahen des Todes erkennt, wie sehr er anderen durch Habgier, Negativität und Selbstsucht geschadet hat, sollte der Sterbehelfer ihm dazu verhelfen, die Schuldgefühle des Sterbenden zu lösen, indem jener seine negativen Handlungen tief bereut und sich dadurch wieder auf die richtige Seite der Moral stellt. Hadert der Sterbende weiter mit sich, dann sollte man versuchen, die Menschen zu erreichen, denen der Sterbende zuvor geschadet hat, damit der Sterbende ihnen ein Testament oder eine Entschuldigung zukommen lassen kann und sich so seine Schuldgefühle vom Herzen schaffen kann. Auch könnte man – das Einverständnis des Sterbenden vorausgesetzt (!) – rechtzeitig ein Treffen mit der Person arrangieren, der der Sterbende früher geschadet hat. Zudem könnte der Sterbende sein Leiden und sein Sterben der Wiedergutmachung für die Negativität seines Lebens widmen.

Ist der Sterbende ein überzeugter Christ, dann sollte man ihn an die Hoffnung und die Verheißung erinnern, die im Tode liegt, denn im Christentum wird der Augenblick des Todes als die Begegnung mit Gott aufgefaßt, die man mit großer Freude erwarten darf. Wenn der Sterbende zu Lebzeiten keine spirituelle Praxis ausgeübt hat, sollte man ihn eindringlich daran erinnern, daß es jetzt darum geht, seine ganze Kraft zusammenzunehmen, die Gedanken frei von Anhaftung und Abneigung zu halten und den Geist [bzw. die Seele] nun mit Gott zu vereinen. Wenn der Sterbende fragen sollte: „Wird Gott meine Sünden vergeben?", dann sollte man ihn an das Erbarmen Gottes erinnern, der bereit dazu ist, jeden wie einen verlorenen Sohn wieder bei sich aufzunehmen. Der Sterbende sollte aus ganzem Herzen zu Gott beten und ganz besonders Gottes Gegenwart und Liebe spüren. Wer offen dafür ist, den kann man ‚Phowa' lehren, wie es im Anschluß beschrieben wird, und es gemeinsam mit ihm vor dem Tod und ganz besonders zum Zeitpunkt des Todes praktizieren.

Menschen ohne meditative Erfahrung ruhen meist für dreiundeinhalb Tage im Zustand der Bewußtlosigkeit [Sogyal Rinpoche beschreibt diesen Zustand als Auflösung in einem dunklen, leeren Raum]; anschließend erfahren sie das Klare Licht des Todes zumeist nur für eine oder zwei Sekunden. Ein erfahrener Praktizierender dagegen verliert sich nur kurz in der Bewußtlosigkeit, um anschließend für lange Zeit – d.h. mehrere Stunden und Tage – im Klaren Licht des Todes [d.i. die wahre Natur des eigenen Geistes, die Buddhanatur bzw. der Dharmakaya] zu ruhen und sie mit seiner eigenen Realisation von der Natur des Geistes zu verschmelzen. Praktizierende ohne bemerkenswerte Fortschritte in ihrer spirituellen Praxis werden in der Praxis der Bewußtseinsübertragung unterstützt und anschließend wird das ›Tibetische Totenbuch‹ für sie verlesen.[6]

Wenn man während seines Lebens die Vorgänge, die beim Sterben geschehen, nicht zu kontrollieren gelernt hat, dann sollte man sich auf seine Hingabe gegenüber dem Segen seines spirituellen Lehrers besinnen. Wenn das Erdelement sich auflöst, sollte man seinen Lehrer im eigenen Herzen visualisieren und eingerichtete Hingabe

---

[6] zusammengefaßt aus Sogyal Rinpoches ›Im Spiegel des Todes; Aufsätze zur tibetischbuddhistischen Sicht des Todes‹, RIGPA - Verein für Tibetischen Buddhismus e.V. 1991

ihm gegenüber erzeugen sowie bestimmte Bittgebete aussprechen. Wenn das Wasserelement sich auflöst, sollte man seinen spirituellen Lehrer im Nabelzentrum visualisieren. Wenn sich das Feuerelement auflöst, sollte man seinen spirituellen Lehrer an seiner Stirn visualisieren. Wenn das Windelement sich auflöst, sollte man Phowa zelebrieren.[7]

Die Praxis der Bewußtseinsübertragung

Eine vereinfachte Form von ‚Phowa' [*das Ausschleudern des Bewußtseins im Augenblick des Todes*] kann von jedermann praktiziert werden, und deren Kraft und Verdienst, Sterbenden und sogar Toten zu helfen, ist nicht geringer als die beiden ausgefeilteren Methoden des Phowa [*das sog. Dharmakaya-Phowa, in dem fortgeschrittene Praktizierende ohne formelle Verschmelzung mit einer Meditationsgottheit einfach in der Natur ihres eigenen Geistes – der aktualisierten Buddhanatur – ruhen; und das sog. Nirmanakaya-Phowa, das von Menschen praktiziert wird, die die vorbereitenden tantrischen Reinigungsübungen – Ngöndro – bereits hinter sich haben. Hier wird der Buddha der Lotus-Familie – Amitabha, der die reine Natur der Menschen, nämlich die Verwandlung des störenden Gefühls der Begierde, repräsentiert – visualisiert; wenn der Sterbende das Klare Licht des Todes nicht erkennt und in ihm zu ruhen vermag, ist es ein geschickter Weg, eine menschliche Verkörperung dieser Lichtheit, nämlich Buddha Amitabha, anzurufen und sich mit ihm durch die Praxis des Phowa zu vereinen*]. Man sitzt zunächst still in einem konzentrativen Zustand [*d.h. man erweckt einen gesammelten, ruhigen und dennoch konzentrierten Geisteszustand in sich, der nicht unter der Herrschaft von Gedanken steht*]; nach einigen Minuten visualisiert man Buddha Amitabha oder – wenn man überzeugter Christ ist – stellt man sich vor, daß Gott als Verkörperung der Wahrheit [*und nicht als theologisches Konzept*] als Lichtgestalt vor einem im Raum erscheint. Wichtig ist, daß man das Wesen, daß man vor sich im Raum visualisiert, als Verkörperung von Wahrheit, Weisheit und Mitgefühl sieht. Man bekennt und bereut alle negativen Handlungen,

---

[7] *aus Tsele Natsok Rangdröls* ›The Mirror of Mindfulness‹, RANGUNG YESHE PUBLICATIONS *1993, S. 114; aus dem Englischen übertragen und sinngemäß zusammengefaßt vom Übersetzer*

die man während dieses Lebens und sämtlicher Lebenszeiten zuvor begangen hat, und betet dann aus der Tiefe seines Herzens, daß sie alle beseitigt werden mögen. Anschließend betet man zu Buddha Amitabha [*oder welches spirituelle Wesen auch immer man für diese Praxis ausgewähl haben mag*], daß man durch seinen Segen fähig sein möge, den tiefgründigen Pfad des Phowa zu vollenden und gut zu sterben, und daß man durch den eigenen Tod dazu fähig werden möge, anderen Wesen zu nutzen, so wie es im ›Tibetischen Totenbuch‹ heißt: ‚Oh weh; für mich selbst ist nun die Todesstunde gekommen. Indem ich mich auf mein Sterben ausrichte, werde ich darauf kontemplieren, nichts anderes als die Einstellung des ‚Erleuchtungsgeistes' [*lit: die Einstellung der Bodhisattvas*], welcher grenzenlose Liebe und grenzenloses Mitgefühl für alle fühlenden Wesen ist, in mir zu erzeugen. Zum Nutzen sämtlicher fühlender Wesen, deren Zahl grenzenlos wie der Himmelsraum ist, werde ich die Vollkommenheit der Buddhaschaft verwirklichen!'

Daraufhin stellt man sich vor, daß Buddha Amitabha als Antwort auf dieses Gebet unvorstellbares Mitgefühl und Liebe aus seinem Herzen ausstrahlt. Wenn einen diese Strahlen berühren, säubern und reinigen sie alles negative Karma und die Gewohnheitstendenzen in einem, zerstörerische Emotionen freizusetzen, die die Ursache für sämtliche Leiden sind. Ist man durch diese Strahlen vollkommen gereinigt worden, dann stellt man sich vor, daß der eigene Körper [*der ja eine Schöpfung von in vergangenen Lebenszeiten angesammeltem Karma ist*] sich vollständig in Licht auflöst, das zu Buddha Amitabha zurückkehrt und mit ihm verschmilzt. Man übt, in diesem Zustand der Einheit mit Buddha Amitabha zu ruhen, und im Vertrauen darin, mit Buddha Amitabha verschmolzen zu sein, sollte der Sterbende den Übergang vom Leben zum Tod vollziehen. Wer keine Gelegenheit mehr hat, sich mit dieser kurzen Praxis vertraut zu machen, kann Buddha Amitabha anrufen und sich anschließend einfach vorstellen, wie das eigene Bewußtsein einer Sternschnuppe gleich ausschießt und sich in seinem Herzen auflöst und so vollkommen eins mit Buddha Amitabha wird; man versenkt seinen Geist in den Weisheitsgeist eines Buddha, wie man einen Kiesel in einen See wirft.

Wenn man diese Visualisation jetzt beginnt zu üben, wird sie einem im Moment des Todes leichter fallen – ganz besonders, da man

man niemals weiß, wann man sterben wird oder ob einem im Sterben noch genügend Zeit bleiben wird, sich an irgendetwas anderes zu erinnern. Wenn man diese Praxis für jemanden ausführt, der stirbt, dann sollte man sie womöglich bei dessen letzten Atemzug oder doch zumindestens so bald wie möglich nach dem Atemstillstand des Verstorbenen tun, noch bevor der Leichnam berührt oder in irgendeiner Weise gestört wird. Es kann für den Sterbenden sehr inspirierend sein, wenn man ihm zuvor versichert, daß man diese Praxis für ihn ausführen wird. Man visualisiert Buddha Amitabha über dem Kopf des Sterbenden und die Lichtstrahlen aus Buddha Amitabhas Herzen reinigen sein ganzes Wesen, bis er sich in Licht auflöst und mit Buddha Amitabha eins wird.[8]

Wie fortgeschrittene Praktizierende sterben

Im Annuttarayoga-Tantra besteht die Meditation über den Tod – d.i. eines der sog. sechs Yogas von Naropa, das man die Bardo-Meditation nennt – in der Visualisierung des eigenen Sterbeprozesses. Um diesen esoterischen Weg der Todesmeditation verwenden zu können, benötigt man unbedingt eine tantrische Einweihung. Durch sie wird man ermächtigt, die Meditation über die Auflösung der fünfundzwanzig groben Substanzen, nämlich der fünf psychophysischen Skandhas [*Form, Gefühl, Wahrnehmung, Mentalfaktoren und Bewußtsein*], der vier Elemente [*Feuer, Erde, Wasser und Luft*], der zwölf Eingänge [*Objekte der Sicht, des Geruches, des Geschmacks, Gehörs, Gefühls und der Vorstellung sowie der Sinneskräfte, die die Wahrnehmung dieser Objekte ermöglichen*] und der fünf Weisheiten auszuüben.

Natürliches Sterben vollzieht sich in stufenweiser Auflösung. Die erste Stufe dieses Vorgangs ist die gleichzeitige Auflösung des Skandha der Form, der *unvollkommenen* Spiegelgleichen Weisheit, des Elements Erde, der Sinneskraft, die das Sehen bewirkt, sowie der äußerlich sichtbaren Gegenstände. Gleichzeitig mit der Auflösung dieser fünf Attribute erlebt der Sterbende die innere Erfahrung der Vision einer Luftspiegelung, die den ganzen Raum erfüllt. In der zweiten

---

[8] *zusammengefaßt aus Sogyal Rinpoches ›Im Spiegel des Todes, Aufsätze zur tibetisch-buddhistischen Sicht des Todes‹,* RIGPA - *Verein für Tibetischen Buddhismus e.V. 1991*

Stufe lösen sich das Skandha des Gefühls, die *unvollkommene* Weisheit der Gleichheit, das Wasserelement sowie die Sinneskräfte, die das Hören ermöglichen – einschließlich der Objekte des Hörens – verbunden mit einer inneren Vision von Rauch, die den gesamten Raum erfüllt – auf. Daraufhin lösen sich das Skandha der Wahrnehmung, die *unvollkommene* Unterscheidende Weisheit, das Feuerelement und die den Geruch ermöglichende Sinneskraft sowie die Objekte des Geruchs auf, während die Vision des Lichts einer kleinen Flamme, die den ganzen Raum ausleuchtet, erlebt wird. Als viertes lösen sich das Skandha der Mentalfaktoren, die *unvollkommene* Allesvollendende Weisheit, das Element der Luft sowie die Sinneskräfte, die sich auf den Geschmack beziehen, einschließlich aller Gegenstände des Schmekkens auf; die Vision eines Lichts wie von einer Butterlampe wird erfahren. Anschließend fließen ursprünglich von Vater und Mutter empfangene weiße und rote Tropfen von der Krone bzw. vom Nabelzentrum zum Herzen, und während sie sich durch die Knoten und Verflechtungen der Chakren winden, erlebt der den Sterbevorgang simulierende Yogi nacheinander eine weiße Vision wie von Schnee und eine rote wie von einem Sonnenuntergang. Wenn beide im Herzen zusammentreffen, kommt es zur großen Dunkelheit, während derer gewöhnliche Wesen in tiefe Ohnmacht fallen. Schließlich zittert ihr Herz leicht, und das Bewußtsein verläßt den Körper und geht in das Klare Licht ein.

Ein Yogi der Vollendungsphase wendet die Auflösung in den groben und den feinen unzerstörbaren Tropfen bis hin zum Erleben des Klaren Lichts an, indem er bestimmte Mandalas, die die fünf Dhyanibuddhas betreffen, visualisiert, und setzt so dem tatsächlichen Klaren Licht des Todes [*Mutter*] durch die Stabilität seiner Meditation ein selbsterzeugtes Klares Licht [*Sohn*] entgegen. Auf diese Weise reinigt er den Vorgang des Sterbens. Durch Anwendung anderer Praktiken ist er aber auch dazu in der Lage, den Zwischenzustand und selbst die Phase der Wiedergeburt zu reinigen und so zum Weg zu machen.

Was hohe Lehrer für Sterbende tun können

Glücklicherweise besteht auch die Möglichkeit, einen hohen Verwirklichten zu bitten, für einen in den letzten Tagen Verstorbenen, der zu Lebzeiten kein verwirklichter Praktizierender [*und womöglich nicht einmal Buddhist*] war, das Phowa vorzunehmen. Hierzu ist es hilfreich, wenn man dem Lama ein Bild des Verstorbenen zukommen läßt oder ihm wenigstens den Namen des Verstorbenen sagt. Außerdem sollte man selbst aufrichtigen Herzens und mit großer Kraft Wünsche machen, daß der Verstorbene eine gute Wiedergeburt erlangen möge. Eine reine Motivation ist hierbei allerdings unerläßlich, da der Geist des Zwischenzustandswesens mit übernatürlicher Klarheit ausgestattet ist, die ihn unfehlbar erkennen lassen würde, wenn man solche Wünsche und Gebete aus scheinheiligen Motiven heraus oder etwa mit dem Begehren nach Ruhm und spirituellem Ansehen ausführen würde, weshalb man dadurch eher dafür sorgen würde, daß sich der Geist des Zwischenzustandswesens vom Dharma abwendet.[9]

---

[9] *aus Tsele Natsok Rangdröls ›The Mirror of Mindfulness‹,* RANGJUNG YESHE PUBLICATIONS *1993, S. 102-114; aus dem Englischen übertragen und sinngemäß zusammengefaßt vom Übersetzer*

Epilog

Sämtliche buddhistische Praxis einschließlich sämtlicher Aktivitäten, die schweres körperliches und seelisches Leid von fühlenden Wesen direkt lindern sollen – also insbesondere der Beistand, der Sterbenden und Verstorbenen mit den Methoden des Tibetischen Buddhismus geleistet wird – muß von Mitgefühl getragen sein, um effektiv zu sein. Daß Mitgefühl gegenüber einem Sterbenden die unabdingbare Voraussetzung dafür ist, ihm tatsächlich zu nützen, dafür ist Bokar Rinpoche das beste Beispiel: In ‚meiner' [*d.i. Marie-Paule Jaquemart*] Eigenschaft als Übersetzerin habe ich ihn mehrfach zu Sterbenden und Todkranken begleitet. Von einem dieser Besuche möchte ich hier beispielhaft berichten:

Eine todkranke junge Frau hatte einige Bücher über Buddhismus gelesen und daran großes Interesse gefunden. Durch verschiedene Kontakte lernte sie schließlich eine Dharma-Praktizierende [*d.i. eine praktizierende Buddhistin*] in ihrer Stadt kennen. Wenig später befand sich Bokar Rinpoche auf der Durchreise in dieser Stadt. Weil die buddhistische Freundin wußte, daß die Kranke sich zutiefst danach sehnte, einem *realisierten* Lama zu begegnen und ‚Zuflucht zu nehmen' [*ein kleines Ritual, mittels dessen man Buddhist wird*], bat sie Bokar Rinpoche, an das Krankenbett der sterbenden Frau zu kommen. Die sehr geschwächte junge Frau empfing Bokar Rinpoche ausgestreckt in ihrem Bett liegend, das mitten in einem kleinen Zimmer stand. Sie hatte Tee und Kekse vorbereiten lassen. Auf ihren Wunsch gab Rinpoche ihr die Zuflucht. Liebenswürdig und mit spontaner Einfachheit gab er ihr dann einige Erklärungen über die buddhistische Lehre, sagte ihr tröstende Worte und liebkoste ihr Gesicht mit mütterlicher Fürsorge. Aus seinen Worten und seiner Haltung sprachen keinerlei Unruhe, Traurigkeit oder Bedauern, sondern nur Liebe – eine leuchtende Liebe von der Weite und Freiheit des Himmels.

Dann setzte er sich der Kranken gegenüber auf einen Stuhl am Fußende ihres Bettes. Mehrere Minuten lang schaute er sie an, ohne zu sprechen. Sein Blick war von unendlicher Güte und von unermeßlicher Zärtlichkeit erfüllt. Der ganze Raum wurde davon durchströmt. Die Kranke weinte still. Ihr Herz war in Frieden, ohne Furcht, und von der Liebe erfüllt, die ihr zuteil geworden war [*eine Fußnote der französischen Übersetzerin von Bokar Rinpoches ›Der Tod und die Kunst des Sterbens im Tibetischen Buddhismus‹*, KAGYÜ DHARMA VERLAG *1992, S. 101*].

Literatur zum Thema *Sterben, Tod und Wiedergeburt*

1. Lama Lodrö: Bardo-Teachings – the Way of Death and Rebirth; SNOW LION 1987
2. Trungpa Rinpoches Kommentar in der deutschen Fassung des Tibetischen Totenbuches von Francesca Freemantle; DIEDERICHS 1991
3. Das Vorwort von S.H. dem 14. Dalai Lama zu Lati Rinpoches ‚Stufen zur Unsterblichkeit' in der deutschen Übersetzung von Jeffrey Hopkins; DIEDERICHS 1987
4. Das Kapitel ‚Bardo' in Kalu Rinpoche: Der Dharma, der wie Sonne und Mond alle Wesen ohne Unterschied erleuchtet; KAGYÜ DHARMA VERLAG 1991
5. Bokar Rinpoche: Der Tod und die Kunst des Sterbens im Tibetischen Buddhismus; KAGYÜ DHARMA-VERLAG 1992
6. Das Manuskript: ‚Tod, Bardo und Wiedergeburt' von Geshe Thubten Ngawang; DHARMA EDITION 1994
7. Tsele Natsok Rangdröl: The Mirror of Mindfulness; RANGJUNG YESHE PUBLICATIONS 1993
8. Lati Rinpoche & Jeffrey Hopkins: Death, Intermediate State and Rebirth; SNOW LION 1985
9. Chökyi Nyima Rinpoche: The Bardo Guidebook; RANGJUNG YESHE PUBLICATIONS 1991
10. Sogyal Rinpoche: Das Tibetische Buch vom Leben und vom Sterben; O.W. BARTH-VERLAG 1996
11. Sogyal Rinpoche: Im Spiegel des Todes; Aufsätze zur tibetisch-buddhistischen Sicht des Todes, Rigpa – Verein für Tibetischen Buddhismus e.V. 1991
12. Tenga Rinpoche: Übergang & Befreiung; Erklärungen zur Meditation im Bardo, KHAMPA 1996
13. Alfred Weil (Hrsg.): Im Spiegel des Todes; Beiträge zu Sterben und Tod aus buddhistischer Sicht. DBU e.V., München 1995
14. Christine Longaker: Dem Tod begegnen und Hoffnung finden. PIPER, München/Zürich 1997

Bibliographie

aller von A. Frasch verfaßten, übersetzten bzw. bearbeiteten buddhistischen Texte

Bitte informieren Sie sich ausführlich unter: www.tashi-verlag.de
e-Mail Kontakt unter: buecher@tashi-verlag.de
telefonisch (Mobil) unter: 0174 / 975 84 61

Tibetischer Buddhismus & westliche Psychologie

›Eine neue Dimension - Geist und Psyche; psychologisch und psychotherapeutisch relevante Aspekte des Tibetischen Buddhismus‹ stellt die Organisation des Bewußtseins in einer zeitgenössischen Psychologen und Psychotherapeuten verständlichen Weise dar und zeigt Ansätze und Grenzen der Beeinflussung psychischer Beeinträchtigungen sowie den Entwurf einer buddhistisch orientierten Psychotherapie auf. TASHI-VERLAG 1999; ISBN 3-9806802-3-1

Tibetisch-Lehrbuch

›Lehrbuch der tibetischen Umgangs- und Schriftsprache‹ – umfangreiches, von Khenpo Tshultrim Gyamtso Rinpoche authorisiertes und sorgfältig rezensiertes Lehrbuch der Tibetischen Sprache, das Studenten an das Übersetzen religiöser Texte heranführt; mit ausführlichem Grammatikteil. TASHI-VERLAG 1999; ISBN 3-9806802-0-7

Texte zur buddhist. Logik und Erkenntnistheorie

Khenpo Chöthrak Thenpel Rinpoches [KIBI] Kommentar zu Sakya Panditas ›Schatz der Begründungen und gültigen Erkenntnisse‹ mit einer allgemeinen Einführung in die buddhistische Logik

Khenpo Chöthrak Thenpel Rinpoches [KIBI] Kommentar zu Dignagas ›Pramanasamuccaya‹

Ein Kommentar von Khenpo Chöthrak Thenpel Rinpoche [KIBI] zu Dharmakirtis ›Pramanavarttika‹

Ein Kommentar von Acharya Thobchu [RUMTEK] zu Khenpo Tshultrim Gyamtso Rinpoches ›Kern des Ozeans der Logiktexte‹ einschließlich einer wörtlichen Übersetzung des Wurzeltextes von Karl Brunnhölzl; Bearbeiter: Albrecht Frasch

Übersetzungen von Tibetischen Originaltexten

Gampopas ›Juwelenschmuck der Befreiung‹ in einer sorgfältigen Wort-für-Wort-Übersetzung direkt aus dem Tibetischen, die den Charakter des Originals bewahrt – das ‚Kompendium des Tibetischen Buddhismus'; Übersetzer: Albrecht Frasch. TASHI-VERLAG 1999; ISBN 3-9806802-2-3

›Buddhistische Grundbegriffe‹; dieser von Albrecht Frasch zusammengestellte Grundlagentext stellt die Termini Technici allgemeinverständlich dar, auf denen die Argumentationen der verschiedenen philosophischen Traditionen des Tibetischen Buddhismus aufbauen

Neu-Übersetzung des ersten Buches von Tashi Namgyals ›Strahlen des Mondlichts, die die Meditationsstufen des Mahamudra außerordentlich erhellen‹ aus dem Tibetischen von Albrecht Frasch

Mipham Rinpoches Kommentar zu Maitreya via Asangas ›Dharmadharmatavibhanga‹ [*einer der sog. ‚Fünf Schätze von Maitreya'*], Übersetzer: Jim Scott, Bearbeiter: Albrecht Frasch

Mipham Rinpoches Kommentar zu Maitreya via Asangas ›Maddhyantavibhanga‹ [*ein weiterer der fünf sog. ‚Fünf Schätze von Maitreya'*], Übersetzer: Karl Brunnhölzl, Bearbeiter: Albrecht Frasch

Die ›Befreiung durch Hören im Zwischenzustand‹ [*als ›Tibetisches Totenbuch‹ bekannt*] in einer sorgfältigen Wort-für-Wort-Übersetzung aus dem Tibetischen, die es in Abhebung zu allen anderen deutschsprachigen Versionen auch nicht mit dem subtilen Sterbeprozeß vertrauten Personen gestattet, ihn am Kranken- und Sterbelager sowie für den Toten rituell zu verlesen bzw. ihn zur individuellen Sterbevorbereitung heranzuziehen; der Text wird von einer Fülle von Erläuterungen hoher tibetischer Gelehrter zum Thema Sterben, Tod und Wiedergeburt ergänzt; Übersetzer: Albrecht Frasch. TASHI-VERLAG 1999; ISBN 3-9806802-1-5

Texte zur Meditation im Tibetischen Buddhismus

Thrangu Rinpoches Kommentar zum ›Mahayana-Uttaratantrashastra‹ erläutert die Buddhanatur eingehend

Khenpo Tshultrim Gyamtso Rinpoches Kommentar zu Nagarjunas ›Siebzig Stanzas über die Leerheit‹ erklärt die absolute Ebene der Wirklichkeit auf einem sehr hohen theoretischen Niveau

Sangye Nyenpa Rinpoches Kommentar zum Shastra des dritten Gyalwa Karmapa Rangjung Dorje ›Über die Buddhanatur‹ beschreibt die höchste Ebene des Geistes, der sich selbst erfährt

Khenpo Tshultrim Gyamtso Rinpoches Kommentar zu einigen Versen von Milarepa, Tibets großem Yogi, die jener aus seiner direkten Verwirklichung der wahren Natur des Geistes spontan komponiert hat

Die Zusammenfassung der mündlichen Kommentierungen von Tenga Rinpoche, Shamar Rinpoche, Thrangu Rinpoche, Pönlop Rinpoche und Khenpo Lama Thubten zum Shastra des dritten Gyalwa Karmapa Rangjung Dorje, genannt ›Abhandlung, die zwischen Bewußtsein und Weisheit unterscheidet‹ beschreibt die relative und die absolute Ebene des Geistes

Eine Zusammenfassung der mündlichen Kommentierungen von Tenga Rinpoche, Kathar Rinpoche und Khenpo Lama Thubten zum Shastra des dritten Gyalwa Karmapa Rangjung Dorje, genannt ›Die tiefgründige innere Bedeutung‹ beschreibt die Verbindung zwischen der relativen und der absoluten Ebene des Geistes

Die mündliche Kommentierung von Thrangu Rinpoche zum achten Kapitel von Jamgön Kongtrul Lodrö Thayes ›Schatz des Wissens‹ stellt eine ausführliche Präsentation der Meditation der Geistesruhe und der Meditation des durchdringenden Gewahrseins dar

Tenga Rinpoches mündliche Kommentierung zu Chekawa Yeshe Dorjes ›Sieben-Punkte-Geistestraining‹, zur Shine- und Lhagtong-Meditation gemäß des ›Ozean der Gewißheit‹ vom neunten Gyalwa Karmapa Wangchuk Dorje, zur ›Nicht-Verschiedenheit von Wind und Geist‹ des achten Gyalwa Karmapa Mikyö Dorje und zu den sog. ›Fünf Nägeln von Naropa‹

Texte zur Psychologie des Tibetischen Buddhismus

Khenpo Chöthrak Thenpel Rinpoches [KIBI] Kommentar zum ›Sutra der Betrachtung der Drei Juwelen‹ klärt wichtige buddhistische Grundbegriffe und präsentiert viele grundlegende Systematiken

Khenpo Chöthrak Thenpel Rinpoches [KIBI] Kommentar zum ›Sutra des Reissprößlings‹ führt den Leser an ein grundlegendes Verständnis des Prozesses des Entstehens in gegenseitiger Abhängigkeit heran

Khenpo Chöthrak Thenpel Rinpoches [KIBI] Kommentar zum sechsten Kapitel des ›Schatzes des Wissens‹ vom zweiten Jamgön Kongtrul Lodrö Thaye erläutert die unterschiedlichen philosophischen Schulen im Tibetischen Buddhismus

Khenpo Chöthrak Thenpel Rinpoches [KIBI] Kommentar zu Vasubandhus ›Abhidharmakosha‹ erklärt die Skandhas, Dhatus und Ayathanas. Dieser Text beinhaltet eine kurze Darstellung der buddhistischen Psychologie

Khenpo Chöthrak Thenpel Rinpoches [KIBI] Kommentar zu Shantarakshitas ›Madhyamakalamkara‹ präsentiert den Madhyamaka aus der Sicht des Yogacharya-Svatantrika

Khenpo Chöthrak Thenpel Rinpoches [KIBI] Kommentar zu Chandrakirtis ›Madhyamakavatara‹ ist eine umfassende Darstellung des höchsten buddhistischen Fahrzeugs; angefügt ist Khenpo Tshultrim Gyamtso Rinpoches Kommentierung des sechsten Kapitels

Khenpo Tshultrim Sangpos [KIBI] Kommentar zu den ersten drei Kapiteln von Maitreya via Asangas ›Abhisamayalamkara‹ erläutert die Ursache für die sog. ‚Drei Arten der Kenntnis', wie sie auf verschiedenen Stationen des buddhistischen Praxisweges durchlaufen werden

Khenpo Chöthrak Thenpel Rinpoches [KIBI] Kommentar zu Haribhadras ›Prajñaparamitasamcayagatha‹